文庫

声と現象

ジャック・デリダ
林 好雄 訳

筑摩書房

Jacques Derrida
La voix
et
le phénomène
Dépôt légal—1re édition : 1967
2e édition corrigée 《Quadrige》 : 1998
3e édition 《Quadrige》 : 2003

目次

※　本文および原註の翻訳にあたっては、原文のイタリックには傍点、、、を付し、フランス語以外の外国語は片カナで、語頭が大文字の語は〈　〉に入れ、《　》は「　」に、（　）および［　］はそのまま（　）［　］で、本文中の訳註は〔　〕で示した。

なお、訳文を読みやすくするために、一まとまりの語句を〈　〉に入れて明確にした場合もある。

※　また、本文の原註（＊1）……は章末に、訳註（1）……は巻末にまとめてある。

声と現象

フッサールの現象学における記号の問題入門

誰が書いたのか知らずに、その「私」という語を読むとき、意味作用を欠いているのではないにしても、少なくともその語の正常な意味作用とは無関係な語を、われわれは手にしているのである。（『論理学研究』）

ある名前が口に出されると、われわれはドレスデンの画廊を、そして最後にそこを訪れたときのことを思い起こす。われわれはいくつかの展示室を彷徨《さまよ》って、ある画廊が描かれた一枚のテニールスの絵の前で立ち止まる。さらにこう想定してみよう。その絵の中の画廊に飾られた絵のどれにもまた、今度は何枚かの絵が描かれていて、よく見るとそこには、それぞれの題名《キャプション》が判読できる、等々と。（『イデーンI』）

私は音とも言ったが、声とも言ったのだ。私が言いたいのは、その音がはっきりとした音節を、それどころか、おそろしく、ぞっとするほどはっきりとした音節を持っていたということだ。ヴァルドマール氏は話したのだ。もちろん質問に答えるために……。彼は、今ではこう言っていた。

「――そうだ――いや違う――私はずっと眠っていた――そして今は――今は、私は死んでいる。」（『奇怪な物語』）

序論

『論理学研究』(一九〇〇〜一九〇一年)は、よく知られているように、やがて現象学全体がそこにはまりこむことになった道を切り開いた。第四版(一九二八年)まで、どんな根本的な論点の移動も、どんな決定的な問い直しも行なわれていない。たしかにいくつかの手直しはあるし、強力な明確化の作業がなされている。すなわち『イデーンI』(一九一三、一九二二、一九二八年)と『形式論理学と超越論的論理学』(一九二九年)は、志向的あるいはノエマ的意味[1]という概念を絶え間なく駆使し、本来の意味での分析論の二つの層(判断の純粋形式学と整合性論理学[2])を区別して、これまで学《シアンス》一般[3]という概念が被ってきた演繹論的あるいは法則論的《ノモロジック》[4]限界を取りのぞいている[*1]。しかし『ヨーロッパ諸学の危機と超越論的現象学』(一九三六、一九五四年)とそれに付随するテクスト、とくに『幾何学の起源[5]』(一九三九年)では、『論理学研究』の概念的前提条件が依然として働いており、その前提条件が意味作用《シニフィカシオン》〈記号作用〉と言語一般のあらゆる問題にかかわる場合には、なおさらである。この領域におけるほど、根気のよい読解を施すことによって『論理学研究』におけるフッサール思想全体の胚芽的構造が明らかになる領域は、ほかにないだろう。どのページにも形相的および現象学的還元の必要性(6)——あるいは暗黙の実践——が読み取られるし、そうした還元がやがて道を開くことになるすべてのものの現存が、はっきりと見分けられる。

ところで、『論理学研究』〈『認識の現象学と認識論のための諸研究』〉の第一部「表現と意味（Ausdruck und Bedeutung）(＊2)」は「本質的区別」にあてられた章で始まるが、この区別は、その後のすべての分析を厳密に統御している。そしてこの章の論理的一貫性は、第一節からただちに提示される一つの区別にすべてを負っている。すなわち「記号《シーニュ》」（Zeichen）という語は、「二重の意味《サンス》」（ein Doppelsinn）を持つことになるのである。「記号」という記号は、「表現」（Ausdruck）を意味することも、また「指標」（Anzeichen）を意味することもありうるのである。

このように非常に重いものが賭けられているように見えるこうした区別を、われわれはどのような問いから発して受け取り、読み取ることになるのだろうか。

「記号」という語の二つの意味のあいだの、この純粋に「現象学的な」区別を提示する前に、というよりむしろ、単純な記述にとどまろうとするものの中にこの区別を認め、それを指摘する前に、フッサールは、現象学的還元という用語の誕生に先立って、一種の現象学的還元に取りかかっている。(7) すなわち彼は、構成された知識をすべて回路から外して、形而上学に由来する前提であれ、心理学に由来する前提であれ、自然科学に由来する前提であれ、必然的な無前提性（Voraussetzungslosigkeit）を強調するのである。言語という「Faktum〔事実〕」に出発点をとることは、用例の偶然性に注意を払いさえすれば、前提にはならないのだ。このようにして押し進められる分析は、諸言語が実在していようといまいと、人間のような存在が実際にその言語を使おうが使うまいが、人間や自然が現実に実在していようが、ただたんに「想像作用《イマジナシオン》の中に、可能性の様態で」実在していようが、その「意味」とその「認識論的価値」——認識論の次元における価値（erkenntnistheoretischen Wert）——とを保有しているのである。

われわれの問いの最も一般的な形式は、次のように規定される。すなわち現象学的必然性、フッサールの分析の厳密さと緻密さ、そしてその分析が応じている要請、つまりわれわれがまず第一に聞き入れなければならない要請は、それにもかかわらず、ある種の形而上学的な前提を隠しているのではないか。それは独断論的あるいは思弁的な癒着《ゆちゃく》を内に秘めているのではないか。たしかにそうした癒着は、現象学的な批判を寄せつけないようにするものではないし、また気づかれずに残った素朴さの残りかすのようなものでもないが、現象学をその内部から、その批判的な企てにおいて、現象学自身の前提条件の創設的価値において構成しているのではないか。つまり現象学がやがてあらゆる価値の源泉と保証、「諸原理の原理」[8]として認めることになるもの、すなわち根源的・能与的明証性[9]、充実した根源的直観への意味の現前あるいは現在[10]において、まさしく現象学を構成しているのではないか。言葉を換えて言えば、われわれは、しかじかの形而上学的遺産が、はたして一人の現象学者の用心をあちこちで制限することがあったかどうかということではなくて、そうした用心の現象学的な形態が、すでに形而上学そのものによって統御されているのではないかと問うつもりなのだ。先ほどした言及の中で、形而上学的前提に対する不信は、すでに真正な「認識論」の条件として与えられていた。まるで認識論の企ては、その企てが「批判」によってしかじかの思弁的体系を脱却した場合であっても、最初から形而上学の歴史には属していないかのようだ。だが認識および認識論という観念は、それ自体、形而上学的ではないだろうか。

そういうわけで、現象学による形而上学批判が形而上学的確証の内部の契機として現われてくるのを、記号の概念という特に選ばれた例について見てみることが必要となるだろう。それどころか、現象学的批判という方法が、その歴史的成就において、またその根源の純粋さ（たんに復興されたものにすぎないけれども）において、形而上学的企てそのものだということを、まず確かめてみる必要があるだろう。

フッサールは、たえず形而上学的思弁を批判しながら、実は、真正な形而上学あるいは第一哲学として彼が考えつづけ、その復興を望みつづけているものの堕落あるいは退廃だけにねらいを定めていたのだが、われわれは別のところで、その展開をたどろうと試みたことがある。『デカルト的省察』を締めくくるにあたって、フッサールは再度、真正な形而上学（現象学によって実現されるはずのもの）を通常の意味での形而上学に対置する。彼がそこで提示する諸成果は、「もし存在の究極的な認識が形而上学的と呼ばれなければならないということが本当ならば、形而上学的なものである。しかしそれは、通常の意味での形而上学にはまったく属していない。その歴史の過程で退廃したそうした形而上学は、形而上学が本来第一哲学として創設されたときの精神に、まったく合致していない。現象学の具体的で、しかしまた必当然的な直観的方法は、あらゆる

「形而上学的冒険」、あらゆる思弁的な行き過ぎを除外する」（第六〇節）と、フッサールは言っている。さまざまな領域、主題、議論を通じて、フッサールが「退廃した」形而上学のうちに暴き出すあらゆる過ちとあらゆる堕落の、唯一かつ恒常的な理由を明らかにすることができるだろう。それはつねに、イデア性〔理念性〕(13)の真正な様態を前にしてのある種の盲目性である。イデア性は存在するが、まさしくそれが実在せず、実在的(14)ではなくて、非実在的だという理由で、その現前性の同一性において際限なく反復されることができる。非実在的といっても、虚構という意味ではなくて、それとは別の意味においてであって、それをいくつかの名前で呼ぶことができるだろうが、その可能性のおかげで、本質、ノエマ、叡智《えいち》的対象(15)の非《ノン》-実在《レアリテ》性と必然性、そして非-内世界《ムンダーン》(16)性一般について語ることができるようになるのである。この非-内世界性はもう一つの別の内世界性ではないし、このイデア性は突然降ってわいた実在する《エグジスタン》ものではないから、その根源はつねに、なんらかの産出作用の反復の可能性になるだろう。こうした反復の可能性が無限にイデア的ニ〔idealiter〕開かれるためには、あるイデア的な形式《フォルム》=形相が、この「無限に」と「イデア的ニ」の結合を保証しなければならない。それが現在《プレザン》であり、より正確に言えば、生き生きした現在の(17)現前性《プレザンス》である。イデア性の究極の形式、その中で結局あらゆる反復を予測したり想起させたりできるような形式、つまりイデア性のイデア性は、生き生きした現在であり、超越論的生の〈自己への現前性〉である。つねに現前性は、必当然的にそう言えるのだが、その中で無限に多様な内容が産み出されることになる形式であったし、これからもつねに、無限にそうであるだろう。形相《フォルム》＝形式と質料のあいだの——形而上学の端緒をなす——対立は、生き生きした現在という具体的なイデア性の中に、その究極的で根本的な正当化を見出すのである。生き生きした現在とか超越論的生という表現における生の概念の謎については、あとでもう一度考えることにしよう。ただ、ここでわれわれの意図をはっきりさせておくために、次のことだけを指摘しておこう。現象学は、われわれには、時間化《タンポラリザシオン》の運動と間主観性《アンテルシュブジエクティヴィテ》〔相互主観性〕の構成についての現象学自身の記述によって、内側から、異議を唱えられているのではないにしても動揺させられているように見える。記述のこの二つの決定的契機《モマン》を結び合わせているものの奥底で、ある種の還元不可能な非‐現前性に構成的な価値が認められるし、それとともに非‐生が、あるいは生き生きした現在の〈自己への非‐現前性ないしは非‐帰属〉が、根絶しがたい非‐根源性が認められるのである。そんなふうに非‐現前性にいくつかの名前が与えられることによって、現前性という形式に対する抵抗力はますます激しいものになるのだが、簡潔に言って、次の二つのことが問題なのだ。一、その同一性が反復されうるような時間的対象（Gegenstand）の現前性の構成における、過去把持から再‐現前化（Vergegenwärtigung〔準現在化[18]〕）への必然的移行の問題。二、付帯現前化〔共現前化[19]〕による他我との関係への、つまりイデア的客観性＝対象性一般をも可能にするものとの関係への必然的移行の問題。というのも、間主観性は客観性の条件であり、客観性《オブジェクティヴィテ》が絶対的なものになるのはイデア的対象《オブジェ》の場合だけだからである。その二つの場合において、現前化《プレザンタシオン》の変様《モディフィカシオン》と名づけられているもの（再‐現前化 Vergegenwärtigung や付帯‐現前化 Appräsentation）は、現前化のあとに到来するのではなくて、アプリオリに[20]現前化に亀裂を入れつつ、現前化を条件づけているのである。もっとも、そのことによって超越論的＝現象学的記述の論理的必当然性が疑われるわけでも、現前性の基づける[21]価値がぐらつくわけでもない。そもそも「現前性の基づける価値」というのは、冗語的表現である。ただ非《ノン》‐基づけ《フォンドマン》〔非‐根拠〕の独自で非経験的な空間を明るみに出すこと、その還元不可能な空無の上で、イデア性の形而上学的形式における現前性の保全が決定され、浮かび上がるような非‐基づけの空間を明るみに出すことだけが必要なのだ。われわれがここで現象学の記号概念を検討するのは、こうした領域＝地平《オリゾン》においてなのである。

われわれがそれを使って作業を進める形而上学という概念は、あとで明確に規定しなければならないだろうが、問題があまりにも一般的すぎるので、ここでその問題の範囲を狭めておかなければならない。この場合、問いは次のようなものになる。まず第一に、記号についての考察をある種の論理に従わせる決定を、どのようにして正当化するのか。そして、記号という概念が論理学的考察に先立つものであり、論理学的考察に対して与えられ、その批判に委ねられるものだとすれば、その記号概念はどこから生じたのか。その概念が典拠にする記号の本質は、どこから生じたのか。ある種の認識論に対して、言語の本質と根源を規定する権限を与えるものは何か。そのような決定はフッサールに帰されるものではないが、フッサールはその決定をはっきりと引き受けている。より正確に言えば、彼はその決定の遺産と妥当性をはっきりと引き受けているのだ。その結果は、限りないものである。一方でフッサールは、みずからの道程の始めから終わりまで、言語一般の本質に関するどんな明確な省察をも延期せざるをえなかった。『形式論理学と超越論的論理学』（「予備的考察」第二節）でもなお、彼はそれを「回路の外に」置いている。また〔オイゲーン・〕フィンクが正しく示したように、フッサールは、超越論的ロゴス[22]の問題、つまり現象学は伝統的に継承された言語の中でその還元の操作の諸成果を産み出し提示するのであるが、その伝承された言語の問題を提起したことは一度もなかった。前置きをつけられ、引用符にはさまれ、修正され、刷新されたにもかかわらず、通常の言語（あるいは伝統的形而上学の言語）と現象学の言語のあいだの一体性が断たれたことは一度もなかった。伝統的な概念を指標的あるいは隠喩的概念に変えたところで、それで遺産を免かれるわけではないし、かえってフッサールが一度も答えようとしなかったいくつかの問題をつきつけられることになる。他方でこうしたことは、フッサールが合理性の領域＝地平《オリゾン》においてしか言語に興味をもたず、論理学に基づいてロゴスを規定したために、事実上、そして伝統的なし方で、言語の本質を論理性に基づいて、またそのテロス〔目的〕の正常性《ノルマリテ》〔規範性〕に基づいて規定した結果なのである。このテロスが〈現前性としての存在《エートル》〉のテロスであること、われわれがここで示してみたいと思っているのは、そのことなのだ。

そういうわけで、たとえば純粋に文法的なものと純粋に論理的なものとの関係〔形而上学的諸前提によって堕落していたために、伝統的論理学が取り逃してしまったような関係〕を再 - 定義することが必要になるとき、したがってBedeutungen〔意 - 味〕[23]（すぐあとで明らかになるいくつかの理由のために、われわれはこの語を翻訳しないことにする）の純粋形式学を構成し、純粋文法性を取り戻すこと、つまり一般に言述《ディスクール》(24)が確かに言述であるかどうか、言述が意味を持つかどうか、誤謬によって、矛盾の不条理（Widersinnigkeit）によって言述が理解できないものになり、理路整然とした言述という特質を奪われ、sinnlos〔無意味〕になっていないかどうかを識別させてくれる規則の体系を取り戻すことが必要になるときに、この超経験論的文法の純然たる一般性が、言語一般の可能性の全領野をカヴァーしているわけでも、言語のアプリオリの全範囲を汲み尽くしているわけでもないのだ。それは、言語の論理的アプリオリだけにかかわるのであり、純粋論理文法（＝論理的純粋文法）なのである。こうした制約は、『論理学研究』の第一版ではフッサールはそのことを強調していなかったけれども、最初から働いているのである。「第一版で、私は「純粋文法」について述べたが、この名称はカントの「純粋自然科学」との類推によって着想されたものであり、そのようなものとしてはっきりと示されていた。しかし、Bedeutungen〔意 - 味〕の純粋形式学が文法的アプリオリのすべてをその普遍性において包括すると断言することはまったくできないというかぎりで――というのも、たとえば心的主体相互間のコミュニケーションという関係は、文法にとって非常に重要なものなのであって、ある固有のアプリオリを含んでいるのだから——純粋論理文法と表現する方がいっそう好ましい……」[＊4]。

言語のアプリオリ全体の中から論理的アプリオリを切り離すことは、一部分を取り出すことではなくて、すぐあとで検討するように、あるテロスの尊厳、ある規範の純粋さ、ある使命の本質を示しているのである。だから、現象学の全体がすでにはまりこんでいるそうした身ぶり《ジェスト》が、形而上学そのものの本来の意図を反復しているのだということ、そのことを『論理学研究』〔『認識の現象学と認識論のための諸研究』〕の第一部の中に、フッサールのその後の言述《ディスクール》によってもはや決して揺るがされることのないいくつかの根を探ることによって、われわれはここで明らかにしたいと思う。現前性という価値は、そうした言述すべての法的な最終審級である[25]が、充実された直観[26]の明晰な明証性において何らかの対象が意識へと現前する場合であれ、また「意識」とは、生き生きした現在において、現在が自己へと現前する可能性以外の何ものも意味しないのだから、意識の中で自己へと現前する場合であれ（直観の対象として提示されるものの接近という意味と、対象の明晰で顕在的《アクチュエル》[27]な直観にその形式を与える時間的な現在の接近という意味の、密接にかかわる二つの意味において）、そのたびに現前性という価値は、失われることなく自分自身で変様していくのである。この現前性という価値が脅かされるたびに、フッサールはそれを目覚めさせ、呼び戻し、テロスという形式において、つまりカント的な意味での〈理念《イデー》〉[28]という形式において、元の姿に立ち戻らせることになるだろう。カント的な意味でのある種の〈理念〉が働いて、定められた進展の無限性であれ、許容された反復の無限性であれ、ある無際限なものの可能性を開くことなしに、イデア性は存在しない。このイデア性は一般に、ある対象の現前が同じものとして際限なく反復されることが可能となる、その形式そのものなのである。だからBedeutung〔意-味〕の非-実在性、イデア的対象の非-実在性、意識の内部に包含された意味あるいはノエマの非-実在性(ノエマは実的には——レエール〔reell〕[29]には——意識に属していないと、フッサールは言うだろう)は、意識への現前が際限なく反復されうるという保証を与えることになるだろう。イデア的あるいは超越論的意識への、イデア的現前。イデア性が、反復において現前性を安泰にし、支配しているのである。この現前性は、その純粋さにおいて、世界の内に実在する何ものの現前性でもなく、イデア的なものそのものである反復作用と相関関係にある。ということは、イデア化〔理念化《イデアリザシオン》〕の運動が確保されるときに、反復を無限に切り開くもの、あるいは無限に向かって切り開かれるものは、ある「実在するもの《エグジスタン》」とその死とのある種の関係であるということを意味しているのだろうか。そして「超越論的生」は、そうした関係の舞台＝光景《セーヌ》だということだろうか。それを言うのは、まだ早すぎる。まず最初に、言語の問題を経由しなければならないのである。そのことは、驚くにはあたらないだろう。言語こそはまさしく、現前と不在のそうした活動＝戯れ《ジュ》の媒体《メディオム》なのである。そこでは生とイデア性が一つに結びついているかもしれないと思わせるようなものが、言語の中にありはしないか。言語とは、そもそもそのようなものではないのか。ところで、われわれは一方で、あらゆる形式のもとに、同時にイデア性と生き生きした現前性とを最もよく保持しているように見える意味作用の構成元素《エレメント》[30]――あるいは表現の実質――は、生き生きした話す言葉《パロール》であり、フォネー〔声〕としての息の精神性であるということを考慮しなければならないが、他方で、現象学、つまりイデア性の形式における現前性の形而上学は生の哲学[31]でもあるということを考えてみなければならない。

それは、生の哲学である。その哲学の中枢において、死が内世界的《ムンダーン》な偶発事という経験的で非内在的な意味作用としてしか認められていないという理由からだけではなくて、つねに意味一般の源泉が、生きるという作用として、生きているという作用として、

Lebendigkeit〔生きていること〕として明確に規定されているからである。ところで生きることの統一性、つまり現象学のすべての基本概念（Leben〔生〕、Erlebnis〔体験〕、lebendige Gegenwart〔生き生きした現在〕、Geistigkeit〔精神性〕等々）のすみずみにまでその光を回折させるLebendigkeit〔生きていること〕の光源は、超越論的還元を免れており、内世界的生と超越論的生の統一として、超越論的還元のために通り道すらつけてやるのである。経験的な生が、また純粋に心的なものの領域までもが括弧に入れられるときに、フッサールが見出すのは、依然として超越論的生であり、結局のところ生き生きした現在の超越論性なのである。フッサールはそれを対象として措定するが、だからといって生の概念のそうした統一性を問題にするわけではない。「心を持たない（seelenloses）意識」[32]は、『イデーンI』（第五四節）の中でその本質的可能性が取り上げられているが、それでも超越論的に生き生きした意識なのである。そのスタイルにおいてたしかにきわめてフッサール的な身ぶりに従って、経験的な（あるいは一般的に内世界的な）生という概念と超越論的生という概念は根底から異質なものであって、その二つの名前のあいだには純粋に指標的なあるいは隠喩的な関係があるのだと結論したとしても、その場合には、この関係の可能性に問題のすべての重みがかけられることになる。そうした隠喩のすべてを可能にしている共通の根は、やはり生という概念だというようにわれわれには見える。結局のところ純粋に心的なもの――超越論的意識に対置され、自然的で超越的な世界全体の還元によって見出される世界領域――と純粋な超越論的生のあいだには平行関係があると、フッサールは言うのである。

実際、現象学的心理学は、作業中のすべての心理学に対して、形相的《エイデティック》前提(33)というみずからの元手とそれ自身の言語の諸条件のことを想起させなければならなくなるだろう。心理学の諸概念の意味、何よりもまずプシュケ〔心、精神〕と呼ばれるものの意味を定める責務は、現象学的心理学に帰されることになるだろう。しかし記述的、形相的、アプリオリな学問であるこの現象学的心理学と超越論的現象学そのものを区別させるのは、何だろうか。純粋に心的なものの内在的領野を露《あらわ》にするエポケー(34)と超越論的エポケーそのものを区別するものは、何だろうか。というのも、この純粋心理学によって開かれる場は、他のすべての領域と照らし合わせてみて、ある種の特権を持っているからであり、その一般性は他のすべてを圧倒しているからである。すべての体験は必然的にその場に属しており、どんな領域の意味であれ、どんな確定された対象の意味であれ、その場を通して告知されるのだ。それゆえ、原《アルシ》‐領域《レジオン》としての超越論的意識に対する純粋に心的なものの従属関係は、まったく奇妙である。実際、純粋な心的経験の領野は、フッサールが超越論的経験と呼んでいるものの全領野を覆い尽くしているのである。それでもやはり、この完全な被覆にもかかわらず、ある根底的な差異が残るのであるが、それは、他のどんな差異ともまったく共通点がないものである。すなわち事実上は何も区別しない差異であり、どんな存在者《エタン》も、どんな体験も、どんな確定された意味作用も分け隔てしない差異である。しかしまた、何も変質させることなしにすべての記号を変え、超越論的な問いの可能性がそこにおいてのみ存するような差異である。つまり、自由そのものの可能性が存するのである。だから、それは根本的な差異であって、その差異がなければ他のどんな差異も意味を持たず、そのようなものとして立ち現われる機会を持つことはまったくないだろう。そのような二重化（Verdoppelung）は、その厳格さがどんな二枚舌によるごまかしも容認しないものだが、そのような二重化の可能性と識別なしには、二つのエポケーの作用のあいだに広がるこの目に見えない距離《ディスタンス》なしには、超越論的現象学は、その根元のところで破壊されてしまうだろう。困難は、意味のこの二重化がどんな存在論的分身《ドゥブル》とも一致すべきものではないということに起因している。たとえば端的に、私の超越論的〈私〉は、私の自然的で人間的な〈私〉とは根底から異なるものだと、フッサールははっきり言っている。(＊5) それでもやはり、超越論的〈私〉は、どんな点においても、つまり区別という当たり前の意味で規定されうるどんな点でも、自然的で人間的な〈私〉と区別されないのである。〈私〉（超越論的な）は、別の〈私〉ではない。とりわけそれは、経験的な自己《モワ》の形而上学的あるいは形式＝形相《フォルメル》的な幻影ではないのだ。こうして、自分自身の心的自己の絶対的な傍観者である〈私〉という観照的《テオレティック》(35)なイメージと隠喩とが暴き出されるとともに、超越論的還元を告知するために、また絶対的な超越論的自我《エゴ》と直面する心的な自己《モワ》であるこの奇異な「対象＝物《オブジェ》」を記述するために、ときに用いられなければならないそうした類推的な言い方《ランガージュ》のすべてが告発されることになるだろう。実のところ、超越論的自我が、自分自身の自己反省によって、verweltlichende Selbstapperzeption［自己を世界内部的なものとする捉え方］(＊6) によって、自分の内世界的《ムンダーン》な自己を、つまり自分の心《アーム》を構成し、みずからに対置するこうした操作に匹敵しうるような言語《ランガージュ》は、一つもないのである。純粋な心とは、モナド(36)自身のうちで、モナド自身によって行なわれる、モナドのこの奇妙な自己客観化＝対象化(Selbstobjektivierung) のことなのである。(＊7) ここでもまた、〈心〉は〈一者〉(37)（モナド的自我《エゴ》）から発するのであり、〈還元〉において、自由に〈一者〉の方に転回することができるのである。

こうした困難のすべてが、「平行論《パラレリスム》〔並行論〕」[38]という謎めいた概念の中に集約されている。フッサールは、現象学的心理学と超越論的現象学の驚くべき、感嘆すべき「平行関係」に言及しているし[＊8]、さらには「言ってみれば被覆《ルクヴルマン》〔＝覆い合い〕」に言及して、「両者ともに形相的《エイデティック》学問だと理解される」のだとすら言っている。「一方が他方に、いわば暗黙のうちに住みついているのである」。平行するものを区別するこの無に等しいもの、この無に等しいものがなければ、まさにどんな解釈も、つまりどんな言語も、なんらかの実在的環境によって歪曲されることなしに真理の中で自由に展開されることはできないだろうし、この無に等しいものがなければ、どんな超越論的な問題も、つまりどんな哲学的な問題も息をすることができないだろうが、この無に等しいものは、言ってみれば、世界の全体がその現実存在《エグジスタンス》のうちで中立化され[39]、その現象に還元されるときに出現するのである。この操作は超越論的還元の操作であって、どんな場合にも、現象学的心理学的還元の操作ではありえないのだ。たしかに心的体験についての純粋形相学《エイデティック》は、どんな特定の現実存在にも、どんな経験的事実性にもかかわらない。それは、意識を超越するどんな意味作用の力も借りないのである。しかし、その純粋形相学が定着する本質は、プシュケ〔心、精神〕と呼ばれるそうした内世界的領域《ムンダーン》の形をとった世界の現実存在を内在＝本質的に前提としているのだ。さらに注目すべきことは、この平行論《パラレリスム》が超越論的な霊気《エーテル》を放出する以上のことをするということである。それはまた、心的なものと心的な生の意味を、つまりある種の内世界性の意味をいっそう不可思議なものにする（そしてそれだけがそうすることができる）のである。ある種の内世界性と言ったけれども、それは、いわば超越論性を身にまとったり育んで、その領野の拡がりと肩を並べることができるが、それにもかかわらずなんらかの全面的一致のうちにその超越論性と混じり合うことのないものなのである。この平行論からある種の一致という結論に到達することは、最も魅力的で、最も巧妙だが、また最も判断を曇らせる混同であって、それが超越論的心理学主義なのである。それに抗して、平行するもののあいだのはかなくも危うい距離《ディスタンス》を維持しなければならず、それに抗して、絶え間なく探索しつづけなければならない。ところで超越論的意識は、世界が崩壊した[40]と仮定しても、その存在意味が損なわれることはないのだから（『イデーンI』第四九節）、「身体のない意識、そしてそれがどんなに理屈に合わないように思われようが、心のない（seelen-loses）意識というものを考えることができるのは確かである[*9]」。それでもやはり、超越論的意識は心的意識以上の何ものでもないし、それ以外の何ものでもない。超越論的心理学主義は、次のことを正当に評価していないのである。すなわち、世界には心という代補〔代理＝補充〕[41]が必要であるが、世界の内に存在する心には、あの代補的な無に等しいもの、つまり超越論的なものが必要なのであり、それがなければどんな世界も立ち現われる〔＝現出する〕ことはないだろうということ。しかし反対に、「超越論的」という概念のフッサール的刷新に注意をはらうならば、そうした距離《ディスタンス》に何らかの実在性《レアリテ》を付与したり、そんなふうに漠として定まらぬものを実体化したり、たとえ単なる類推《アナロジー》によってであれ、それを世界に属する何らかの事物《ショーズ》あるいは時機《モマン》にしてしまわないように気をつけなければならない。そんなことをすれば、光をその光源のところで凍結させてしまうことだろう。言語が絶対に類推から逃れられないのだとすれば、それどころか、言語が首尾一貫して類推であるのだとすれば、そのような点《ポワン》に到達した以上、その先端《ポワント》に立って、言語は、言語自身の崩壊を率直に受け入れて、隠喩《メタフォール》に対しては隠喩を投げつけなければならない。それは、至上命令のうちでも最も伝統的な命令に従うこと、『エンネアデス』〔訳註（37）参照〕の中で最も明確な、しかし最初のものというわけではないような形式を与えられて、『形而上学入門』（とりわけベルクソンの）に至るまで、絶えることなく忠実に伝えられてきた命令に従うことなのである。そうした言語自身に対する言語の戦いと引き換えにして、言語の根源の意味と問題が思考されることになるだろう。その戦いは、たんに数ある戦いのうちの一つではないということがわかる。意味と世界の可能性のための論戦として、戦いはあの差異の中に戦場を持つのであるが、すでに見たとおり、差異は世界に住みつくことができず、その超越論的な不安のうちに、ただ言語にだけ住みつくことができるものなのだ。実を言えば、差異は、言語に住みつくだけではなくて、それどころか、それは言語の根源、言語の住まい《ドゥムール》なのである。言語を守る差異を言語は守っているのである。

　のちになって、フッサールは再び、「私の『イデーン』へのあとがき」（一九三〇年）と『デカルト的省察』（第一四節および第五七節）の中で、「意識についての純粋心理学」と「意識についての超越論的現象学」のあいだの「厳密な平行論」[42]について、簡潔に言及している。そこで彼は、次のように言うことになる。「真の哲学を不可能なものにする」（『デカルト的省察』第一四節）超越論的心理学主義を拒絶するために、われわれは、平行するものを区別する Nuancierung〔ニュアンスをつけること〕（「私の『イデーン』へのあとがき」）をなんとしても実行しなければならない。平行するものの一方は世界の中にあり、他方は世界の外にあるが、別の世界の中にあるわけではなくて、つまりすべての平行線と同様に、たえず他方の隣に、最も近いところにありつづけるのである。われわれはなんとしても、そうした「一見したところ取るに足らない」、たわいのない、微々たる（geringfügigen）「ニュアンス」をわれわれの言述《ディスクール》の中に取り集めて、守っていかなければならないが、その「ニュアンス」が「哲学の正しい道と間違った道（Wege und Abwege）とを決定的に定めるのである」（『デカルト的省察』第一四節）。われわれの言述は、みずからのうちにそうしたニュアンスを保護しなければならないが、同時に、まさにそのことによって、そのニュアンスの中でみずからの可能性と厳密さを確固たるものにしなければならない。しかしこの平行する二つのものの奇妙な統一、両者を互いに結びつけるものは、それぞれが勝手に分割することを許さず、自分自身で分裂することによって、結局は超越論的なものを他方のものに接合するものなのだが、それが生なのである。実際すぐに気づくことだが、プシュケ〔心、精神〕という概念のただ一つの中核は、それが意識という形式で作られていようがいまいが、自己への関係としての生なのである。だから「生きる」ことは、還元に先立つもの、還元が現出させるあらゆる分割を結局のところ免れるものの名前なのである。なにしろ「生きる」ことは、自分自身の分割であり、自分自身を他方のものに対立させることだからである。したがって、「生きる」ことをこのように規定したことによって、われわれは言述《ディスクール》という手段の不安定さを、つまりまさしく言述がもはやニュアンスの中でみずからの可能性と厳密さを確固たるものにすることができないような点を名ざしたことになる。このとき生という概念は、日常生活や生命科学の言語における前《プレ》-超越論的な素朴さの審級《アンスタンス》ではもはやないような審級において捉え直されるのである。しかし生のこの超《ウルトラ》-超越論的概念が、なお生（日常的な意味であるいは生物学的な意味で）を思わせるものだとすれば、またそれが今までに一度も国語の中に登録されたことがないものだとすれば、たぶん別の名が必要になるかもしれない。

現象学が話す言葉《パロール》を守るために、そしてロゴスとフォネー〔声〕のあいだの本質的な絆《きずな》を断言するために行なう、粘り強く、遠まわしで、骨の折れる努力を目にしても、さほど驚くことはあるまい。意識〔実はフッサールは、意識に対して、多くの点で革命的な、果てしのない、感嘆すべき熟考を捧げたにもかかわらず、それが何かということについては一度も自問したことがなかった〕の特権は、生身の声の可能性にほかならないからである。自意識〔自己の意識〕は、自意識がその対象の現前性を保持し、反復することができるような、ある対象との関係においてしか立ち現われないのだから、自意識が言語の可能性とはまったく無関係のものだとか、言語の可能性以前のものだなどということは、決してない。たしかにフッサールは、あとで検討するように、体験の持つ根源的に沈黙した、「前‐表現的な」層を維持しようとした。しかし、イデア的対象を構成する可能性は意識の本質に属しており、そうしたイデア的対象は歴史的産物[43]であって、創造や思念《ヴィゼ》[44]といった作用のおかげでしか立ち現われないのだから、意識の構成元素《エレメント》（訳註（30）参照）と言語の構成元素とは、ますます見分けにくくなるだろう。ところで、その見分けにくさは、自己への現前性《プレザンス》の核心に、非《ノン》‐現前性《プレザンス》と差異（媒介性、記号、参照指示等々）とを引き入れてしまうのではなかろうか。この難題が、一つの答えを呼び寄せる。その答えが、声と呼ばれるのだ。声の謎は、声がここで答えているように見えるすべてのものによって豊かにされ、深められている。声が現前性の保護を偽装していること、そして語られる言葉《ランガージュ・パルレ》の歴史はそうした偽装《シミュラクル》の記録保管庫だということ、このことのために、今後われわれは、フッサールの現象学において、声が答えている「難題」を体系的な難題あるいはフッサール現象学に固有であるような矛盾だと見なすことはできない。このことのために、われわれはまた、その構造が無限の複雑さを持つそうした偽装を一つの幻想、妄想、あるいは幻覚であるかのように記述することはできない。逆に幻想、妄想、あるいは幻覚という概念は、その共通の根への参照を指示してでもいるかのように、言語という偽装への参照を指示しているのである。

それでもやはり、そうした「難題」がフッサールの言述《ディスクール》全体を構造化していることに変わりはないし、われわれはその作業を認識しなければならないのである。形而上学の全歴史はフォネー〔声〕の必然的特権を前提としているが、フッサールはやがて、最大限の批判的洗練をもってその特権のあらゆる可能性を活用することによって、それを先鋭化することになるだろう。というのも、フッサールがロゴス一般との根源的親近性を認めることになるのは、音響物質や物理的音声に、つまり世界の内の声の身体＝物体《コール》に対してではなくて、現象学的声、超越論的な肉《シエール》(45)と化した声、息吹《スフル》に対してであり、語《モ》の身体を肉に変え、Körper〔物理的身体〕をLeib〔人間的身体〕に、つまりgeistige Leiblichkeit〔精神的身体性〕にする志向的生気づけ《アニマシオン》に対してだからである。現象学的な声とは、世界が存在しないときに語りつづけ、自己へと現前しつづける——自分の話を聞きつづける——そうした精神的な肉だということになるだろう。もちろん声に認められるものは、語群からなる言語にも、意味される《シニフィエ》概念と意味する《シニフィアン》「音声的複合体」を接合する単位群——還元不可能で、分解不可能だと考えられてきたかもしれない——から構成される言語にも認められる。用心深い記述にもかかわらず、「語《モ》」という概念の素朴すぎたかもしれない取り扱いによって、おそらく現象学の中で、現象学の二つの主要モチーフ、つまり形式主義《フォルマリスム》の純粋性と直観主義の徹底性のあいだの緊張が、解決のつきかねるものになってしまったのだろう。

意識としての現前性の特権が声の優越性によってしか確立される——つまり歴史的に構成され、また証明される——ことができないということ、これこそが、現象学の中でいまだかつて一度も舞台の前面に出たことのない明白な事実《エヴィダンス》〔＝明証性〕なのである。たんに操作的でもあからさまにテーマ論的でもないようなやり方にしたがって、中心でも側面でもないような場において、この明白な事実の必然性が、現象学の全体に対して一種の「拘束力《プリーズ》」を確保してきたように思われる。哲学史的な哲学に慣用の概念の中では、この「拘束力」の性質はうまく思考されない。しかし、われわれは本書において、この「拘束力」の形式を直接に考察するつもりはない。ただそれが、『論理学研究』の第一部〔「表現と意味」〕の最初からすでに——そして強力に——働いていることを示そうと思うのである。

原註

＊1　『形式論理学と超越論的論理学』（シュザンヌ・バシュラール訳、フランス大学出版）、第三五節b。

＊2　必要不可欠ないくつかの予備的あるいは先取り的考察をのぞいて、この試論は、『論理学研究』の第一部において早くも形成されているような意味作用《シニフィカシオン》の学説を分析する。その難解で紆余曲折《うよきょくせつ》のある道筋をよりよくたどるために、フッサールの現象学と他の古典的あるいは近代的な意味作用の理論のあいだに、あちこちに認められるように思われる比較、対照、対立については、たいていの場合分析を差し控えた。『論理学研究』第一部のテクストをはみ出ることがあるとすれば、それはそのつど、フッサールの思想についての総体的な解釈の原理を示すためであり、われわれがいつの日か試みたいと願っているそうした体系的な読解の概略を素描するためである。

＊3　「現象学と形而上学の閉域」、『エポケー』誌、アテネ、一九六六年二月。

＊4　H・エリー、L・ケルケル、R・シェレールによる仏訳、第二巻第二分冊。この

翻訳を引用するときにはつねに『仏訳』と指示することにする。ここでわれわれは、この仏訳書の中の「意味作用 significations」という語を Bedeutungen〔というドイツ語原語〕に置き換えた〔デリダによる引用部分は、『論理学研究』第二版において、第二巻第四部の章末に、新たに注として付されたものである。なお『論理学研究3』（立松弘孝、松井良和訳、みすず書房）では、Bedeutungen は「意味」と訳されている〕。

＊5　『現象学的心理学』、一九二五年夏学期講義、『フッサール全集』第九巻、三四二頁。

＊6　『デカルト的省察』、第四五節。

＊7　同前、第五七節。

＊8　『現象学的心理学』、三四三頁。

＊9　『イデーンI』（P・リクール訳、〔ガリマール社〕）、第五四節。

第一章　記号、いくつかの記号

フッサールはまず、一つの混同を告発することから始める。「記号《シーニュ》」（Zeichen）という語は、日常言語においてはつねに、ときには哲学言語においても、二つの異質《エテロジエヌ》の概念を包含している。すなわち表現（Ausdruck）という概念、つまりしばしば誤って記号一般の同義語だと見なされている概念と指標（Anzeichen）という概念である。ところでフッサールによれば、何も表現しないいくつかの記号がある。なぜなら、そうした記号は——再度ドイツ語で言わなければならないが——Bedeutung とか Sinn〔ともに「意味」の意、訳註（23）参照〕と呼ぶことができるようなものを何も運ばないからである。それが、指標である。たしかに指標は、表現と同様に一つの記号である。しかしその記号は、指標として、表現とは違って、Bedeutung や Sinn を欠いている。つまり、bedeutungslos であり sinnlos〔ともに「無意味な」の意〕である。だからといってそれは、意味作用《シニフィカシオン》〔記号作用〕のない記号《シーニュ》(46)ではない。記号作用のない記号、意味されるもの《シニフィエ》のない意味するもの《シニフィアン》(47)などというものは、本質的にありえないのである。そういうわけで、Bedeutung をフランス語で記号作用《シニフィカシオン》と訳す伝統的な翻訳のし方は、慣用的に定着していてほとんど避けられないものではあるが、フッサールのテクスト全体を混乱させ、それをその中軸の意図において理解不可能なものにし、その結果、初めの「本質的区別」に依存するすべてのことを理解不可能なものにしてしまうおそれがある。ドイツ語では、フッサールとともに、ある種の記号（Zeichen）は Bedeutung〔意-味〕を欠いている（bedeutungslos〔無意味〕であって、bedeutsam〔有意味〕ではない）と、不条理にならずに言うことができるが、フランス語では、矛盾せずに、ある記号《シーニュ》は記号作用《シニフィカシオン》を欠いていると言うことはできない。ドイツ語では、フッサールがしているように、bedeutsame Zeichen〔有意味的記号〕としての表現（Ausdruck）について語ることができるが、bedeutsame Zeichen を記号作用をする記号〔signe signifiant〕と訳すのは冗長にならざるをえないし、そんな訳し方をすれば、明白な事実《エヴィダンス》に反して、またフッサールの意図に反して、記号作用をしない記号〔signes non signifiants〕があるかのように思わせてしまう。こんなふうにしてフランス語による慣用的な翻訳に嫌疑をかけながらも、別の訳語に代えるのはやはり難しいということを、われわれは認めざるをえない。そういうわけでわれわれの指摘は、決して現行の貴重な翻訳を批判するものではないのである。にもかかわらずわれわれは、注釈と翻訳の中間に位置づけられるような解決法を提案しようと思う。だからその解決法は、フッサールのテクストの範囲内でしか効力を持つことはないだろう。たいていの場合われわれは、難題を前にして、ときにその効力が疑わしいものであるような方法に従って、ドイツ語をそのまま用いることにするが、それに分析を加えることによってわかりやすく説明しようと試みるつもりである。

　こうしてただちに明らかになるのは、フッサールにとって表現の表現性――つねに、ある種の Bedeutung〔意‐味〕のイデア性〔訳註（13）参照〕を前提としている――は、語られる言述《ディスクール・パルレ》（Rede〔話〕）の可能性との還元不可能な〔＝根絶しがたい〕絆を持っているということである。表現は純粋に言語学的な記号であり、まさしくそのことによって、最初から表現が指標から区別されるのである。語られる言述は非常に複雑な構造であり、事実上は、ある種の指標的な層――あとでわれわれが検討するように、その指標的な層を語られる言述の枠の中に入れておくのに大いに苦労するだろう――をつねに含んでいるにもかかわらず、フッサールは、語られる言述のために、表現への独占権を取っておくのである。したがって、純粋論理性《ロジシテ》の独占権を取っておくわけである。だから、たぶん、フッサールの意図を歪曲することなしに、bedeuten を意‐味する〔vouloir-dire〕[48]——語る主体が、フッサールの言葉を借りれば、「自分を表現しつつ」、「何ごとかについて」言おうとするという意味でも、また、ある表現が意味するという意味でも——と翻訳するとは言わないまでも、定義することができるかもしれない。[*10] そして、Bedeutung〔意‐味〕とは、つねに誰かが、あるいはある言述が〈言おうとする＝意味するもの〉であると、つまりつねに言述の意味であり、言述の内容であると確信することができるかもしれない。

よく知られているように、フッサールは、フレーゲとは違って、『論理学研究』の中で、Sinn〔意味〕と Bedeutung〔意‐味〕のあいだに区別を設けていない。「そのうえ、われわれにとっては、Bedeutung〔意‐味〕は Sinn〔意味〕と同じものを意味する(gilt als *gleichbedeutend* mit Sinn)。一方では、まさにこの概念の場合には、交互に使うことができる類似した《パラレル》〔平行する〕用語を持っていることは、非常に好都合であり、とりわけ Bedeutung〔意‐味〕という用語の意味を究明しなければならないようなこのタイプの研究においてはなおさらである。しかし、それ以上に考慮に入れるべき別の問題がある。すなわち、二つの語を同じものを意味するものとして使用する根強い習慣が、問題なのである。こうした状況では、その二つのBedeutungen〔Bedeutungの複数〕を区別して、（フレーゲが提案したように）(49)一方をわれわれの意味でのBedeutung〔意‐味〕として使い、他方を表現された対象《オブジェ》の意味で使うことが、危険なしに行なわれるとは思われない」（第一五節）。『イデーンI』の中で、二つの概念のあいだに生じる分離は、フレーゲの場合と同じ機能を持つものでは決してないのであって、そのことが、われわれの読解の正しさを裏づけるのである。すなわちBedeutung〔意‐味〕は、口頭の表現の、つまり語られる言述《ディスクール・パルレ》のイデア的意味内容に割り当てられ、これに対して意味（Sinn）は、ノエマ的領域の全体を、その非‐表現的な層に至るまでカヴァーしているのである。「われわれは、表現の感性的な、いわば肉体的な側面と、表現の非感性的な、「精神的な」側面とのあいだの、よく知られている区別を出発点にしよう。われわれは、前者の側面の非常に緻密な議論にはまりこむ必要はないし、二つの側面が一つになるその結びつき方についての議論にもかかわる必要はない。もちろんそれによってわれわれが、重要でなくはない現象学的諸問題の論題を示したことは言うまでもない。われわれはもっぱら、「bedeuten〔意‐味する〕」と「Bedeutung〔意‐味〕」とを検討する。もともとこうした語は、言語学的な領域（sprachliche Sphäre）つまり「表現すること」（des Ausdrückens）の領域としか関係がない。しかしこうした語の Bedeutung〔意‐味〕を拡大して、適切な変様《モディフィカシオン》を被らせることは、ほとんど避けがたいことであり、同時に認識の次元における重要な一歩なのである。その変様のおかげで、そうした語は、いわばノエシス―ノエマ的な領域全体に適用されるようになり、したがって表現作用とからみ合っていようが（verflochten）いまいが、すべての作用に適用されるのである。そういうわけでわれわれは、あらゆる志向的体験の場合に、たえず「意味」（Sinn）について語ってきたのであるが、「意味」というその語は、一般的に Bedeutung〔意‐味〕と等価値なのである。正確を期すために、われわれはむしろ、Bedeutung〔意‐味〕という語はもともとの概念を表わすために取っておいて、とりわけ「論理的 Bedeutung〔意‐味〕」とか「表現的 Bedeutung〔意‐味〕」といった複雑な言い回しにおいて使用する。一方「意味」という語については、それを最大限に拡張して使用しつづけることにする」。そしてフッサールは、われわれがあとでもう一度触れなければならないこの一節において、とりわけ知覚の中には、体験や意味の前‐表現的な層が存在するのだと、さらにその意味の層はいつでも表現と Bedeutung〔意‐味〕とを受け入れることができるのだと断言したあとで、「論理的 Bedeutung〔意‐味〕とは表現である」（『イデーンI』第一二四節）という原則を提起するのである。

指標と表現のあいだの差異は、記述の途中ですぐに、実体的な差異というよりは機能的な差異であることが明らかになる。指標と表現は機能であり、意味作用の関係であって、概念を表わす名辞《テルム》[50]ではない。ただ一つの同じ現象が、表現として把握されることもあれば指標として把握されることもあるのであり、言述《ディスキュルシフ》的記号として把握されることもあれば非言述的記号として把握されることもあるのである。それは、その現象を生気づける志向的体験によって左右されるのだ。記述の機能的な性格によって、ただちに難題の重大さが示され、われわれはその難題の中心に導かれる。同一の記号連鎖の中で、同一の意味作用《シニフィカシオン》〔記号作用〕の中で、二つの機能がからみ合い、もつれ合っている可能性があるのである。フッサールはまず最初に、一つの機能から他の機能への付加あるいは並置について語る。すなわち「……指標（Anzeichen）という意味での記号（目印、マークなど）は、指示する機能に加えて［neben、～の隣で、フッサールによる強調］、Bedeutung〔意‐味〕という機能を果たすのでなければ、何も表現しない」（『論理学研究』第一部第一章第一節）。しかしその数行先でフッサールは、内的な錯綜、もつれ合い（Verflechtung）について語ることになる。この「もつれ合い」という語は、以後しばしば決定的瞬間において、再び現われることになるが、それは偶然ではないだろう。第一節においてすでに、こう書かれている。「意‐味する（bedeuten）ことは――伝達的言述《ディスクール》〔＝会話〕においては（in mitteilender Rede）――つねにあの指標＝存在〔指標＝であること〕との関係の中にからみ合っている（verflochten）……」。

だから事実上、言述的記号は、したがって意‐味することはつねに指標的な体系《システム》の中にもつれ、拘束されているのだということが、すでにわれわれにはわかっている。拘束されているというのは、つまり汚染《コンタミネ》＝混交されているということだ。フッサールが〈ロゴス〉の可能性として捉え直したいと思っているのは、Bedeutung〔意‐味〕の表現的で論理的な純粋性だからである。Bedeutung〔意‐味〕が伝達的言述の中に拘束されているかぎり、事実上またつねにもつれているのである（allzeit verflochten ist）。たしかに、あとで検討するように、フッサールにとって伝達作用《コミユニカシオン》そのものは、表現の非内在的な層である。しかし、ある表現が事実として生じるたびに、表現は伝達作用という価値を伴うのであり、たとえ表現がそれによって汲み尽くされるものではないとしても、あるいはまた、その伝達作用という価値がただたんに表現に結びつけられているだけだとしても、そうなのである。

このからみ合いの諸様相《モダリテ》を明確にしなければならないだろう。しかし、表現と指標を緊密に結びつけているもつれ合いのこうした事実上の必然性が、フッサールの見るところ、厳密な本質的区別の可能性を損なうはずのないものだということは、今やすでに明白である。その可能性は、まったく権利上のもの[51]であり、現象学的なものである。したがって、事実と権利の、現実存在《エグジスタンス》〔事実存在〕と本質〔本質存在〕の、実在性《レアリテ》と志向的機能のあいだのこうした隔たり《エカール》の中で、分析全体が進められることになる。多くの媒介を跳び越して、見かけの順序を逆にして、われわれは、現象学の空間そのものを規定するこうした隔たりが、言語の問題よりも前に存在するものでもなければ、ある領域の内部に、あるいはありきたりの問題の内部に入り込むようにして言語の問題に入り込むわけではないのだと言いたくなる。それどころか、この隔たりは、言語の可能性の中でのみ、言語の可能性によってのみ開かれるのである。この隔たりの権利上の価値、つまり事実と志向的権利とを区別する権利は、全面的に言語に依存しており、またその中でも、指標と表現のあいだの根底的区別の妥当性に依存しているのである。

われわれの読解を続けよう。こうしてあらゆる表現は、あたかもその意に反して、指標的プロセスの中に拘束されているということになるだろう。しかし、その逆は真ではないと、フッサールは認めている。だから、表現的記号を「指標」という類の種にした(52)いという気持ちにさせられるかもしれない。その場合には、話す言葉《パロール》に対してなおどんな威厳やどんな独自性を与えようとも、結局、話す言葉《パロール》は一種の身ぶり《ジェスト》にすぎないと言わなければならなくなるだろう。話す言葉《パロール》は、フッサールが話す言葉《パロール》の偶有性《アクシダン》と見なしているもの（その物理的側面、その伝達機能）によってだけではなくて、その本質的核心において、意味作用《シニフィカシオン》〔記号作用〕の一般的体系《システム》に属していて、それを越えることはないのである。そこで意味作用の体系は、指標作用の体系と一体化することになるだろう。まさしくそのことに、フッサールは異議を唱えているのである。したがって、フッサールが反論するためには、すべての表現には指標作用が混入しており、その逆は真ではないのにもかかわらず、表現は指標作用〔という類〕の種ではないということを証明しなければならない。「表現が問題になるときには、心ならずも習慣的にそうしているようにとりあえず生き生きした会話の中で機能している表現だけに限定するならば、その場合には、指標という概念は、表現という概念と比べて、より外延の大きい概念のように思われる。だからといって、内容の点で、指標という概念が類であるわけでは決してない。意‐味する（bedeuten）ことは、指標作用（Anzeige）という意味での記号＝存在（Zeichenseins）の種ではないのである。意‐味する（bedeuten）ことの外延がより狭いとしても、それはただたんに、意‐味する（bedeuten）ことが――伝達的言述《ディスクール》においては――つねにあの指標＝存在（Anzeichensein）との関係の中にもつれ合っている（verflochten）からであり、それにひきかえ指標＝存在は、まさしくこのもつれ合いの外でも現前することができるので、より広い概念を基礎づけているからなのである」（第一節）。

したがって、類／種関係の破綻を立証するためには、表現がもはやそうしたもつれ合いの中で動きがとれなくなることがないような、もはや指標とはからみ合っていないような現象学的状況を、そんなものがあればの話であるが、見つけ出さなければならない。そうした汚染《コンタミナシオン》＝混交は、つねに現実の会話の中で生じるので（表現は、会話においては、直観に対して永久に隠された内容を、つまり他人の体験を指示するからであり、同時にまたBedeutung〔意‐味〕のイデア的内容と表現の精神的側面が、そこでは感覚的側面と結びついているのだから）、まさしく伝達作用を持たない言語の中で、独り言の言述《ディスクール》の中で、「孤独な心的生活」（im einsamen Seelenleben）の絶対的に低い声の中で、表現の手つかずの純粋性を追いつめていかなければならない。奇妙な逆説によって、意-味は、ある外との関係が中断されるときにだけ、その表-現性〔ex-pressivité 外に-押し出すこと〕の濃縮された純粋性を抽出することができるのである。ただし関係が断たれるのは、ある外に対してだけである。なぜならこの還元は、意-味の志向作用すなわちBedeutungsintention〔意-味志向〕[53]と対峙して、対象への関係を、つまりある種の対象的=客観的イデア性の思念《ヴィゼ》〔訳注（44）参照〕を消してしまうのではなくて、反対にそれを純然たる表現性において露《あらわ》にすることになるからである。われわれが逆説と呼んだものは、実のところ、その本質において現象学的企てにすぎないのである。「観念論《イデアリスム》」と「実在論《レアリスム》」、「主観主義」と「客観主義」等々の対立を超えて、超越論的現象学的観念論《イデアリスム》〔イデア主義〕は、ある種の「内面性」、あるいはむしろ自己へのある種の近さを基点にして、つまり単なる内部ではなくて、彼方へのそして外一般への関係の内奥の可能性であるような、ある固有のもの（Eigenheit〔固有性〕）を基点にして、対象（Gegenstand）の対象性と現在（Gegenwart）の現前性[54]——そして現前性における対象性——を記述する必要性に応じている。そういうわけで志向的意識の本質は、実在する世界一般の全体を還元することにおいてしか露にされないだろう（たとえば『イデーンⅠ』第四九節〔「世界を無化しても残る残余としての、絶対的意識」〕において）。すでに『論理学研究』第一部の中で、対象への関係としての表現と意‐味に関して、こうした身ぶり《ジエスト》が粗描されている。「しかし表現は、表現がもはや指標として機能していない孤独な心的生活においても、その意‐味する機能（Bedeutungsfunction）を発揮するのである。したがって、実のところこの二つの記号概念は、より広い概念あるいはより狭い概念のようにして相互に関係しているのでは絶対にない」（第一節）。だから、その孤独な心的生活の領野を切り開いて、そこで表現性を捉え直す前に、指標作用の領域を明確にして、還元しなければならない。フッサールがまず手始めにするのは、そのことである。しかしその分析の跡をたどる前に、少し話の間をおくことにしよう。

というのも、われわれがたった今注釈を加えたばかりの運動《ムヴマン》には、実際、二通りの読解が可能だからである。

一方では、フッサールは、独断論的な性急さで、記号一般の構造に関する問題を抑え込んでいるように見える。異質の二つのタイプの記号のあいだの、つまり指標と表現のあいだの根底的分離を最初から提案することによって、フッサールは、記号一般とは何かと自問することをしないのである。記号一般という概念は、フッサールもまず初めはそれを利用しなければならず、そこに意味の発生源を認めなければならないのであるが、それがその統一性《ユニテ》を受け取ることができるのは、ある一つの本質からだけなのである。記号一般という概念は、その本質にならうことしかできないのだ。そしてその本質は、経験の本質的な構造(55)の中で、また地平(56)の親密さの中で、それと認められるはずのものなのである。問題提起を始めるにあたって、「記号」という語を理解するためには、われわれはすでに記号一般の本質、機能あるいは本質的構造とのある種の前-了解的な関係を持っているのでなければならない。そのあとで初めてわれわれは、場合によっては指標としての記号と表現としての記号のあいだに、たとえその二つのタイプの記号が類と種という関係によっては分類されないとしても、区別を設けることができるだろう。それ自身フッサール的な区別に従って（『イデーンI』第一三節参照）、記号一般というカテゴリーは、類ではなくて形式(57)だと言うことができる。

記号一般とはいったい何か。この問いについて、いくつかの理由でわれわれは、それに答えようなどという大それた考えは持っていない。ただ、いったいどんな意味でフッサールがその問いを回避しているように思われるのかを示してみたいと思う。「すべての記号は、何ものかの記号である……」〔第一節〕、つまり何ものかの代わりの〔pour quelque chose〕(für etwas)[58]記号である。これがフッサールの冒頭の言葉だが、フッサールはそこに、ただちに分離を持ち込むのである。「……しかし、すべての記号が「Bedeutung〔意‐味〕」を、つまりその記号によって「表現」される「意味」(Sinn)を持っているわけではない」。このことは、「の‐代わり‐に‐なる être-à-la-place-de」という意味における「代わりに‐なる être-pour」ということが何を意味しているかを、われわれが暗黙のうちに知っているということを前提としている。そして次に、こうした代用あるいは参照指示《ランヴォワ》の構造の中で、指標的参照指示と表現的参照指示のあいだの異質《エテロジエネイテ》＝混交性が理解できるものとなり、さらには明らかにされるためには、また両者の関係の明証性が、たとえフッサールが解しているような意味での明証性〔訳註(9)参照〕であれ、われわれの手のとどくものとなるためにも、われわれは、その構造を親しく理解していなければならない。実際フッサールは、もう少し先の箇所で〔第八節〕、表現的参照指示(Hinzulenken、Hinzeigen)は指標的参照指示(Anzeigen)ではないことを明らかにすることになる。しかし、そんなふうに姿の見えない《アンヴィジブル》ものを指さして、それから Hinzeigen〔表現的記号作用〕や Anzeigen〔指標的記号作用〕に変様することができるような Zeigen〔記号作用＝指示作用〕一般の意味については、どんな独自な問いも立てられていない。それでもこの「Zeigen〔記号作用〕」が、指標と表現のあいだのあらゆる「もつれ合い」の根と必然性が感知される場であるということは、すでに推察することができるし、われわれはたぶんもう少し先で、それを立証することになるだろう。以後フッサールの分析にその跡を刻みつけることになる（そして伝統的形而上学の諸概念の中ですべてが告知されることになる）あらゆる対立と差異の、まだそのすべてがその場にはっきり姿を現わしているわけではない。しかしフッサールは、意味作用の論理性をテーマとして選び、文法の一般的アプリオリの中から純粋文法の論理的アプリオリを切り離すことができるとすでに信じて、Zeigen〔記号作用〕という一般的構造の変様の一つ、つまり Hinzeigen〔表現的記号作用〕であって An-zeigen〔指標的記号作用〕でないものの探究に敢然と着手しているのである。

出発点に関する、そしてある操作概念の前-了解に関するこうした問いの欠如は、必然的に一種の独断論を表わしているのだろうか。他方では、それを批判的な用心だと解釈することはできないのか。前了解を見せかけの出発点、さらには先入見あるいは推測として拒否したり抹消することが、まさに必要なのではないか。何の権利があって、記号のようなものの本質的統一性《ユニテ》を推定するのか。フッサールが、記号の統一性の関節をはずして、そのうわべをはぎ取って、概念を欠いた空虚な言語に還元しようと望んでいたとしたら、どうだろうか。一つの記号概念といくつかのタイプの記号があるのではなくて、他に還元不可能な二つの概念があって、誤ってそれにたった一つの語を付与してしまったのだとしたら、どうだろうか。まさしくフッサールは、〔「第一章」の〕第二節の冒頭で、「「記号」という語に付与される二つの概念」について言及している。記号一般の記号＝存在〔記号＝であること〕について自問することから始めていないといってフッサールをとがめることによって、ある一つの語の統一性を性急にも信用してしまっているのではないか。

さらに重大なことには、「記号一般とは何であるか」と問うことによって、記号の問題が存在論の目論見に従属させられ、存在論の中に、根本的なものであれ局所的なものであれ、意味作用〔記号作用〕のための一つの場所を割り当てることが望まれるのである。それこそはまさに古典的なアプローチのし方であって、そうやって記号を真理に、言語《ラング》を存在に、言葉《パロール》を思考に、書く言葉《エクリチュール》を話す言葉《パロール》に従属させることになるだろう。記号一般の真理があるかもしれないと言うことは、記号は真理の可能性ではなく、真理を構成せず、ただ真理を意味する《シニフィエ》だけだということを前提としているのではないか。ただ真理を再現したり、具現したり、二次的に記入したり、参照させるだけだということを前提としているのではないか。なぜなら、もし仮に記号がなんらかのし方で、記号の真理だとか本質だとか本質と呼ばれるものよりも前に存在するものだとしたら、記号の真理だとか本質について語ることには、何の意味もないことになるからである。たとえば記号をある志向的な運動《ムヴマン》の構造だと見なすならば、記号は事物一般《ショーズ》(Sache) のカテゴリーには属さず、その存在についてたまたま問いが提起されるような「存在者《エタン》」ではないと考える――おそらくフッサールはそう考えただろう――ことはできないだろうか。記号は、存在者というようなものとは別のものではないか。それは物《ショーズ》ではないのだから、「何であるか」という問いの手に落ちない唯一の「もの《ショーズ》」ではないか。場合によっては反対に、その問いを産み出すものではないか。そんなふうにして ti esti〔何であるか〕の帝国としての「哲学」(59)を産み出すものではないか。

「論理的 Bedeutung〔意 - 味〕とは表現であり」、理論的真理は発話《エノンセ》〔言表〕の中にしかない(＊11)と断言することによって、また真理の可能性としての言語的表現に関する問題に敢然と取り組むことによって、さらには記号の本質的統一性を前提としないことによって、フッサールは、伝統的なアプローチのし方の方向を逆転させ、意味作用の活動の中で、それ自体は真理を持っていないけれども、真理の運動と概念を条件づけているものを尊重しているように見えるかもしれない。事実フッサールは、『幾何学の起源』に至るまでの全道程のあいだ中、真理やイデア性を記録することよりも、むしろ意味作用の中で、言語の中で、そしてイデア的対象性＝客観性を書きとめる記述の中で、真理やイデア性を産み出すものに対してますます大きな注意を払うことになる。

　しかしこの最後の運動は、単純ではない。ここにわれわれの問題があるのであり、われわれは、いずれもう一度そこに戻らなければならないだろう。いずれにせよ現象学の歴史的運命は、次の二つの動機《モチーフ》のあいだで理解されるように思われる。一方で現象学は、素朴な存在論の還元であり、意味と価値の能動的構成への復帰、みずからの記号を通して真理と価値一般を産み出す生の活動への復帰である。しかし同時に、たんにこの運動（＊12）に並置されるのではなくて、それとは別の必然性が、現前性の古典的形而上学をも確証して、古典的存在論への現象学の帰属をしるしづけているのである。

　われわれが関心を持つことにしたのは、こうした帰属に対してなのである。

原註

＊10 英語の mean, meaning が、それぞれ bedeuten, Bedeutung に相当する。こうした都合のよい相当語は、われわれのフランス語にはない。

＊11 『論理学研究』（たとえば「序論」第二節参照）以来『幾何学の起源』に至るまで頻繁になされる断言である。

＊12 この運動と古典的な形而上学あるいは存在論との関係をさまざまに解釈することができる。こうした批判は、ニーチェによる批判やベルクソンによる批判と、特定の、限定されたものではあるが確実な親近性を持つだろう。いずれにせよそれは、ある種の歴史的形態《コンフィギュラシオン》〔布置〕の統一性に帰属している。この転倒の歴史的形態の中で形而上学を継承するもの、それがハイデガーの思索の最も恒常的なテーマの一つである。したがって、こうした問題（ある語の意味の前‐了解の中に出発点をとること、「何であるか」という問いの特権、言語と存在あるいは真理との関係、古典的な存在論への帰属等々）に関して、ハイデガーのテクストがそのような異論にさらされているのだという結論を下すとすれば、それはたんに彼のテクストのうわべだけしか読ん

でいないということになるだろう。反対にわれわれは、それについてここで仔細に論ずることはできないが、ハイデガーのテクスト以前には、これほどうまく異論を免れたものはないと思う。だからといってもちろん、彼のテクスト以降、われわれがしばしばそうした異論を免れているというわけではないが。

第二章　指標の還元

形而上学的な帰属は、われわれがこれから立ち戻るテーマ、つまり表現に対する指標の外在性というテーマの中に、おそらく姿を現わすだろう。フッサールは、「指標作用の本質」(60)にはたった三節しか割いていないが、同じ章〔第一章「本質的区別」〕の中で、表現には一一節を当てている。論理学的かつ認識論的意図に従って、「意味すること《ヴロワール・ディール》」としての、またイデア的対象への関係としての表現の独自性を仔細《しさい》に究明する必要性があるので、指標作用の取り扱いは簡潔で、予備的で、「還元＝単純化する《レデュクトゥール》」ものでなければならない。たとえ事実上は、ある緊密な関係が指標作用を表現に結びつけ、経験において指標作用を表現とからみ合わせているとしても、非内在的で経験的な現象としての指標作用は、引き離し、分離し、「還元《レデュイール》」しなければならない。しかし、そのような還元《レデュクシオン》は、困難なものである。第三節の最後でそうした還元が成し遂げられているように見えるのは、ただうわべだけのことにすぎない。もっと先では、さまざまな指標的な付着物が、ときには別のタイプのものも交えて、たえず再び姿を見せることになるし、それを除去することは、際限のない務めとなるだろう。もし指標を表現と組み合わせるVerflechtung〔もつれ合い〕が絶対に還元不可能で、原則において解きほぐせないものであるとすれば、もし指標作用が、多少ともしつこい付着物のようにして表現につけ加わるのではなくて、表現の運動の本質的な内奥に住みついているのだとすれば、フッサールの企てのすべてが――『論理学研究』の範囲をはるかに越えて――脅かされることになるだろう。

指標的な記号とは、何だろうか。まず第一にそれは、自然のもの（火星の運河は知的存在の現存可能性を指示している）である場合もあれば、人工のもの（チョークで書かれたマーク、焼印による登録、すべての慣用的な標示手段）である可能性もある。[*13] 自然と制度の対立は、ここでは何の妥当性も持っておらず、指標的機能の統一性を分裂させないのである。この統一性は、どのようなものだろうか。フッサールはそれを、ある種の「動機づけ」(Motivierung) の統一性[61]のように記述している。つまりそれは、「思考する存在」のような何かに対して、思考を通して何かから何かへと移行する運動を与えることなのである。今のところこの定義は、やはり一般的なものにとどまらざるをえない。この移行は確信（Überzeugung）によることも、あるいは推定（Vermutung）によることもありうるが、つねに顕在的な認識を非顕在的な認識に結びつける。しかし、こうした一般性のレヴェルにおいて考察された動機づけ《モチヴァシオン》では、その認識はあらゆる対象（Gegenstand）あるいは事態（Sachverhalt）にかかわる可能性があるので、必ずしも経験的な実在《エグジスタン》するものに、つまり個々の実在するものにかかわるとはかぎらない。だからフッサールは、認識されるもの（顕在的であれ非顕在的であれ）のカテゴリーを示すために、故意に非常に一般的な概念（Sein〔存在〕、Bestand〔存立〕[62]）を使っている。それは存在あるいは存立を、つまりイデア的対象の構造をも経験的な実在《エグジスタン》するものの構造をもカヴァーすることができるような概念である。Sein〔存在〕、bestehen〔存立する〕、Bestand〔存立〕——この冒頭に近い節で頻繁に使われる基本的な語——は、Dasein〔現存在〕、existieren〔実在する〕、Realität〔実在性〕に還元されはしない。この差異は、フッサールにとって大いに重要なものであって、われわれはそのことを、これからすぐに立証するつもりである。

フッサールは、指標的機能のすべてを集約する最も一般的な本質的共通性を、このように定義する。「（こうした事例において）われわれは、この共通性として、次のような状況を見出すのである。誰かがその存立（Bestand）について顕在的な認識を持っている何らかの対象あるいは事態が、ある別の対象あるいは事態の存立をその者に対して指示する（anzeigen）のであるが、それは、一方の存在（Sein）の確信が、他方の存在の確信あるいは推定を引き起こす動機として（しかも非‐明証的な〔非‐洞察的な〕(63)動機として）その者によって体験されるという意味で、そうなのである」（第二節）。

しかし、この本質的共通性は、まだあまりにも一般的であるので、指標作用の全領野をカヴァーし、さらに別のものをもカヴァーしている。あるいはむしろ、ここで記述されているのはまさにAnzeigen〔指標的記号作用〕なのだから、言ってみればこの本質的共通性は、厳密な意味での指標作用をはみ出しているわけであり、今やそれ〔厳密な意味での指標作用〕にアプローチしなければならないだろう。そこで、一方にSein〔存在〕あるいはBestand〔存立〕、他方にExistenz〔実存〕、Dasein〔現存在〕あるいはRealität〔実在性〕、この両者のあいだに区別を設けることがなぜ重要であったのか、その理由がわかる。つまり、このように規定された一般的な動機づけは、「なぜなら〜だから」という動機づけであって、指標的示唆《アリュジオン》(64)（Hinweis）の意味をも、また演繹的、明証的、必当然的《アポディクティック》証明（Beweis）の意味をも持ちうるものなのである。後者の場合、「なぜなら〜だから」は、経験的なあらゆるイマココデ〔hic et nunc〕を超えて持続する、恒常的で、明証的かつイデア的な必然性をつなぎ合わせる。「ここにある種のイデア的な合法則性が明らかにされるのであるが、それは、イマココデ動機づけによってつなぎ合わされる判断を超えて広がり、同じ内容のすべての判断を、さらには同じ「形式」（Form）のすべての判断を、そんなふうにして超経験的な一般性の中に包括するのである」〔第三節〕。体験をつなぎ合わせる動機づけは、つまり必然的で明証的な、イデア的＝客観的なイデア性を思念《ヴィゼ》(65)する諸作用は、偶然的で経験的な、「非‐明証的な」指標作用の次元に属しているかもしれない。しかし明証的な証明において、イデア的対象の内容を結びつけている諸関係は、指標作用に属していないのである。第三節の分析全体が証明しているのは、次のことである。一、たとえ全幅の経験的確実性をもって（最大限の蓋然性《がいぜん》をもって）AがBを指示するとしても、その指標作用は、決して必当然的な必然性の証明とはならず、またここに古典的図式を認めるとすれば、「事実の真理」と対比される「理性の真理」(66)の証明とはならないだろう。二、たとえ逆に指標作用が証明の中に介在するように見えるとしても、指標作用はつねに心的な動機づけ、作用、確信等々の側にあって、決してつなぎ合わされた諸真理の内容の側にあることはないだろう。

Hinweis と Beweis のあいだの、つまり指標作用と証明のあいだのこの必要不可欠な区別は、われわれがさきほど Zeigen〔記号作用〕に関して切り開いた問題と類似した形式の問題を提起するだけではない。目の前に見えていないものを指で指し示す指標作用（Hinweis）と、証拠の明証性において示して見せる証明《デモンストラシオン》（Beweis）とに分かれる前の指示すること《モンストラシオン》（Weisen）[67] 一般とは、何だろうか。この区別はまた、すでに「もつれ合い」について指摘された難題をいっそう先鋭的なものにするのである。

実際、今となってはよくわかることだが、心的体験をその作用という面から見るならば、その作用が客観的なイデア性と必然性を思念するときでさえ、意味作用一般の次元において心的体験の全体が経験するのは、ただ指標的連関だけなのである。指標は、絶対的にイデア的な客観性の内容の外に、つまり真理の外にこぼれ落ちる。ここでもまた、この外在性は、あるいはむしろ指標のこの非内在的な性格は、その可能性において、形相的還元であれ超越論的還元であれ、未来のすべての還元の可能性から切り離すことはできないのである。指標的意味作用《シニフィカシオン》〔記号作用〕は、連合[68]という現象の中にその「起源」を持っており、(*14) つねに世界内の経験的な実在するもの《エグジスタン》を結びつけるので、言語の中では、「還元」の作用を被るすべてのもの、すなわち事実性、内世界的現実存在《エグジスタンス》、本質的な非‐必然性、非‐明証性等々をカヴァーすることになる。とすれば、すでにわれわれには、還元にかかわる将来のすべての問題群《プロブレマティック》と、その問題群がその中で明らかになるすべての概念的差異（事実／本質、超越論性／内世界性、そしてその問題群と体系をなすすべての対立）とが、二つのタイプの記号のあいだのある種の隔たりの中で展開されるのだと言う権利があるのではないだろうか。その隔たりにおいてとかその隔たりのおかげでとは言わないまでも、その隔たりと同時に展開されるのだと。純粋に心的なもの——世界の中にある——と純粋に超越論的なもの——世界の中にはない——のあいだの関係を規定し、そのようにしてフッサール現象学の謎のすべてを集約する平行性という概念が、ここでは二つの様式の意味作用〔記号作用〕のあいだの関係という形で感知されているのではないだろうか。しかし、それでもやはりフッサールは、経験一般（経験的なものであれ超越論的なものであれ）と言語を同一化しようと望んだことは一度もなかったし、意味作用を超越論的な生の〈自己への現前性〉の外に押しとどめておこうと、たえず努力することになる。そこで、われわれが実際にたった今提起した問いは、われわれを注釈から解釈へと移行させることになるだろう。もし仮にわれわれが、その問いに対して肯定的に答えることができるのだとすれば、フッサールの明確な意図に反して、「還元」は、まさしく方法となる以前に、語られる言述《ディスクール》の最も自然発生的な作用、話す言葉《パロール》の単なる実践、表現の能力と混じり合っているのだという結論を引き出さなければならなくなるだろう。この結論は、われわれの見るところ、ある意味で現象学の「真理」を構成するはずのものであるにもかかわらず、あるレヴェルにおいては、フッサールの明確な意図と矛盾することになるのであるが、それには二種類の理由が考えられる。一方で、われわれが先に触れておいたように、フッサールは、意味の前‐表現的で前‐言語的な層の現実存在を信じていたからであり、還元は、ときには言語の層を除外することによって、それを露《あらわ》にしなければならなくなるだろう。他方で、言述のない表現も意‐味も存在しないとしても、言述全体が「表現的」であるわけではない。表現的な核のない言述はありえないのにもかかわらず、ほぼ次のように言うことができるだろう。言述の全体は、指標の織り目の中に捉えられているのだと。

原註

*13 挙げられている例と分析の論理的必然性からすれば、フッサールは、書記法《グラフィ》一般を引き合いに出すこともできただろう。けれども、フッサールにとってエクリチュール（書く言葉、文字）は、疑いもなく、その固有の層において指標的であるにもかかわらず、恐るべき問題を提起しているのであり、たぶんそのことが、フッサールのここでの用心深い沈黙を説明してくれるだろう。というのもエクリチュールが、フッサールがその語に与えている意味で指標的だとすれば、エクリチュールはある奇妙な特権を持っているのであり、それが例の本質的区別のすべてをかき乱しかねないのである。つまり、音声的エクリチュール（＝表音文字）が（もっと正確に言えば、誤って表音的だと総称されているエクリチュールの純粋に音声的な部分において）「指示する」ものが「表現」だということになり、一方、非音声的エクリチュールは、表現的言述《ディスクール》に取って代わって、直接に（即座に）「意‐味すること」(bedeuten) に結びつくことになるだろう。われわれはここで、この問題に固執するつもりはない。それは、この試論の最終的な地平《オリゾン》＝領域に属している。

*14 第四節参照。「指標という概念がそこにその「起源」を持っている心的諸事実、

つまりその中で抽象によって指標という概念が把握される心的諸事実は、「観念連合」という歴史的名称のもとに包括しなければならないさらに広範な事実群に属している」等々。よく知られているように、フッサールは、この「連合」という概念を刷新し、超越論的経験という場でこれを活用しながら、この概念を使って作業することをやめたことは一度もなかった。ここで純粋な表現性から除外されるものは、指標作用であり、したがって経験的心理学の意味における連合である。表現を左右するBedeutung〔意‐味〕のイデア性を識別するために括弧に入れなければならないのは、経験的な心的体験である。だから指標と表現のあいだの区別は、まず最初に現象学の必然的かつ暫定的に「客観主義的な」〔訳註〕局面において立ち現われるのであり、そのとき、経験的な主観性は中立化されなければならない。超越論的なテーマ系が分析を深めていくときに、この区別は、その全価値を保ちつづけるだろうか。構成する主観性に立ち戻るときに、それはその全価値を保ちつづけるだろうか。それが、問題である。フッサールは、その後二度とこの問題に手をつけることはなかった。彼は、『論理学研究』第一部の「本質的区別」を利用しつづけた。彼の他のすべての概念が、主題化《テマテイザシオン》の作業によって飽くことなしにくり返し取り上げられ、検証され、確証されて、たえず記述の中心に再び姿を現わしたにもかかわらず、「本質的区別」に関しては、二度とそうした主題化の作業を再開し、やり直すことはなかったのである。

訳註：イデア、形相、本質は、心の働きに依存することなく、客観的に存在するという考え方。

第三章　独語としての意-味

指標作用が除外されたと仮定してみよう。あとには表現が残る。表現とは何だろうか。それは、Bedeutung〔意-味〕を詰め込まれた記号である。フッサールは、第五節「意-味のある記号としての表現 Ausdrücke als bedeutsame Zeichen」で、その定義に着手している。表現とは、「意-味する〔言-おうとする〕」記号である。

(A) たしかに話す言葉《パロール》を、つまり口頭の言述《ディスクール》をともなわずに、Bedeutung〔意-味〕が記号に生じることもなければ、その記号を Bedeutung〔意-味〕が表現に変えることもないだろう。「われわれは、指標的記号から意-味する記号を、つまり表現を区別する」〔第五節冒頭〕。しかし、なぜ「表現」なのか。なぜ「意味する」記号なのか。まるまる一束の理由を、同一の意図による深い統一性の中でたばね合わせるのでなければ、それを説明することはできない。
一、表《エクス》-現《プレシオン》〔ex-pression 外に-押し出すこと〕とは、表出《エクステリオリザシオン》=外化[69]である。それは、最初はある種の内部に見出される意味を、ある種の外部《ドウオール》に刻みつける。われわれは、すでに述べた部分で、この外部とこの内部がまったく独特なものだということを示唆しておいた。つまり外《ドウオール》は、自然でも、世界でも、意識に対する実在的《レアール》な〔訳註(14)参照〕外在性《エクステリオリテ》でもないのである。それについて、ここで明確にしておくべきだろう。bedeuten〔意-味する〕は、〈イデア的な対《オブ》-象《ジェ》の外〉であるような外を思念《ヴィゼ》して〔=狙って〕いる。そのときこの外は、表《エクス》-現《プリメ》され、自己の外へ出て、別の外の中に移るのだが、その別の外は、依然として意識の「中に」あるのである。つまり表現的言述《ディスクール》は、われわれはこれからそのことを検討するつもりだが、そのようなものとして、またその本質において、世界の中で実際に口に出して言われる必要はないのである。だから、意-味する記号としての表現は、意味(Sinn)それ自体が自己の外へ出て、意識の中へ、つまり「自己-とともに avec-soi」あるいは「自己-の-もとに〔そばに〕auprès-de-soi」の中へと出ていく二重《ドウブル》の外への移行なのである。この「自己-とともに」あるいは「自己-の-もとに〔そばに〕」を、フッサールは、まずはじめに「孤独な心的生活」として規定している。のちに彼は、超越論的還元の発見のあとで、それを意識のノエシス―ノエマ的領域として記述することになるだろう。前もってもっとはっきりさせるために、『イデーンⅠ』の該当する節を参照するならば、表現の「非生産的な」層が、どのようにして他のすべての志向性をその形式と内容に関して反映し、鏡に「映し出す」(widerzuspiegeln) ようになるのかが、われわれにはわかる。つまりまず対象性《オブジェクティヴィテ》への関係が、意味を思念する「前‐表現的な」(vor-ausdrücklich) 志向性の刻印《マルケ》を残すのであり、そのあとでその意味が Bedeutung〔意‐味〕と表現に変えられることになるのである。反復され、反映され、ノエマ的意味の方へ、次いで表現の方へと向かう、この「外への移行」が非生産的な重層化《ルドゥブルマン》であるということ、それは自明のことではない。とりわけ、この場合フッサールが「非生産性」という語を、「表現することの中で、またこの機能とともに入り込んでくる概念的なものの形式の中で尽き果てる生産性」(*15)という意味で使っていることを考慮すれば、それは自明のことではない。だからわれわれは、あとでもう一度この問題に戻らなければならないだろう。ここではただ、フッサールによる「表現」が何を意味しているのかを示しておきたかっただけである。つまりそれは、ある作用が自己の外へ移行することであり、次いである意味が自己の外へ移行することなのであるが、このときその意味は、それ自体としては、声の中に、しかも「現象学的な」声の中にしかとどまることができないのである。

二、『論理学研究』の中で、「表現」という語は、すでに別の理由で重要なものとなっている。表現とは、自由意志に基づく、断固とした、首尾一貫して意識的な、志向的な表出《エクステリオリザシオン》＝外化である。記号を生気づけ《アニメ》、記号にある種のGeistigkeit〔精神性〕を付与する主体《シュジェ》＝主観の志向作用なしに、表現はない。指標作用においては、生気づけ《アニマシオン》には二つの限界がある。一つは記号の身体《コール》＝物体であるが、それは息吹《スフル》ではない。もう一つは指示されるものであって、それは世界の中の現実存在《エグジスタンス》である。一方、表現《エクスプレシオン》においては、志向作用は絶対的に明確に表現する《エクスプレス》(70)ものである。なぜなら志向作用は、依然としてまったく内的なものでありつづけることのできる、ある種の声を生気づけるからであり、また表現されるものはBedeutung〔意‐味〕、すなわち世界の中に「実在し」ないイデア性だからである。

三、自由意志的な志向作用なしに表現は存在しないということ、このことは別の観点から確証される。実際、表現が、言‐おうとすることとしてのbedeuten〔意‐味すること〕〔訳註（48）参照〕によって、つねに住みつかれ、生気づけられるのは、フッサールにとってDeutung〔解釈〕が、つまりBedeutung〔意-味〕の解釈、了解、理解が、決して口頭の言述《ディスクール》(Rede)の外では起こりえないからである。ただそのような言述だけが、Deutung〔解釈〕に身を捧げうるのである。どんなときでもDeutung〔解釈〕は、本質的に、読解ではなくて聴取である。「意味する〔言おうとする〕もの、意《ヴロワール》-味《ディール》〔言-おうとすること〕が意味する《ヴロワール・ディール》〔言おうとする〕もの、すなわちBedeutung〔意-味〕は、語る者の専用なのである。つまり自分の言おうとすることを、明確に、はっきりと、意識的に言うかぎりにおいて語る者の専用なのである。そのことを確かめてみよう。

フッサールは、彼の「表現」という語の使い方が、少々国語に「無理強《じ》いする」ものだということを認めている。しかし、こうして行なわれた無理強いは、彼の意図を純化し、それと同時に、隠された形而上学的含意の共通の元手を露《あらわ》にするのである。「……あらゆる言述(Rede)と言述のあらゆる部分(Redeteil)は、本質的に同じような性質を持つあらゆる記号と同様に、表現だということを明らかにしておこう。言述が実際に発言される(wirklich geredet)かどうかということ、つまり言述が伝達の意図のもとに何らかの人に向けて発されるかどうかということを考慮に入れる必要はないのである」〔第五節〕。そういうわけで、発言の実際性《エフエクティヴィテ》、Bedeutung〔意‐味〕の身体的な具現化《アンカルナシオン》、話す言葉《パロール》の身体＝物体を構成するすべてのものは、つまりそのイデア性において、経験によって規定されるような言葉づかい《ラング》に属しているものは、言述《ディスクール》の枠外にあるとは言わないまでも、少なくとも表現性というようなものとは、つまりそれなしには言述がありえないようなあの純粋な志向作用とは、無関係である。言述の経験的な実際性の層全体、すなわち言述の事実的な全体は、例の指標作用に属しており、われわれはその作用の及ぶ範囲を、まだ特定し終えていないのである。言述の実際性、つまり言述という出来事の全体が指標的であるのは、言述という出来事の全体が世界の中にあって、世界に委《ゆだ》ねられているからだけではなくて、そのことと相関的に、その全体が、それ自体として、みずからのうちに、何か非意志的な連関を保持しているからでもある。というのも、志向性がただたんに意志を意味したことは一度もないとしても、表現という体験《ヴェキュ》の次元においては（そこにはいくつかの境界《リミット》があると仮定して）、志向的な意識と自由意志的な意識とは、フッサールから見れば同義語であるように思われるからである。そこで、あらゆる志向的体験は、原則として表現という体験の中で捉え直されうると考えるに至る――『イデーンＩ』の中で、フッサールは、われわれがそう考えることを許すことになるのだが——ならば、受容的あるいは直観的志向性と受動的発生(71)に関するすべてのテーマにもかかわらず、志向性という概念は、依然として主意主義的な(72)形而上学の伝統の中に、つまりたぶん端的に形而上学というものの中に捉えられているのだと結論しなければならなくなるかもしれない。超越論的現象学全体を統御する明白な目的論《テレオロジー》は、結局、超越論的主意主義にすぎないということになるだろう。意味《サンス》は、みずからを意味することを望むのであり、意味は、ある種の意《ヴロワール》-味《ディール》〔vouloir-dire〕の中でしかみずからを表現しないのであるが、その意-味とは、意味の現前性《プレザンス》が〈みずからを-言-おうとすること vouloir-se-dire〉にほかならないのである。

　このことによって、純粋な精神的志向性の手を逃れるすべてのもの、つまり意志であるGeist〔精神〕による純粋な生気づけ《アニマシオン》の手を逃れるすべてのものが、bedeuten〔意-味すること〕から、したがって表現から除外されることの説明がつく。たとえば表情、身ぶり、身体や内世界的な書き込みの全体、要するに目に見えるものや空間的なものの、そのようなものとしての全体である。そのようなものとしてというのは、それがGeist〔精神〕によって、また意志によって、つまり人間の身体におけるのと同様に語においてもKörper〔物理的身体〕をLeib〔人間的身体〕に（肉《シエール》に）変えるGeistigkeit

〈精神性〉によって働きかけられないかぎりでということである。身体と心の対立は、この意味作用の理論の中心にあるだけではなくて、この理論によって裏づけられているのであり、哲学の中で結局のところつねにそうしてきたように、言語のある種の解釈に依拠しているのである。可視性や空間性は、そのようなものとして、意志の、そして言述《ディスクール》を開始する精神的生気づけの〈自己への現前性〉を失うほかないだろう。可視性や空間性は、文字どおり〈自己への現前性〉の死なのである。そういうわけで、「そのかかわりにわれわれは、表情や身ぶりを〈表現から〉除外する。表情や身ぶりは、無意識に（unwillkürlich〈自分の意志によらずに〉）、いずれにせよ伝達の意図なしにわれわれの言述に伴うものであるか、あるいは言述の協力がなくても、ある人の精神状態が周囲の人々にとって理解可能な「表現」となるようなものなのである。このような表出＝外化《エクステリオリザシオン》（Äusserungen）は、言述（Rede）という意味での表現ではまったくない。それは、表現とは違って、自分の気持ちを表出する者の意識の中で、表出された体験との現象的な統一性を持っていない。こうした〈表情や身ぶりによる〉表出＝外化によっては、ある者は他の者に何も伝達しないのである。こうした体験の表出＝外化においては、他人に対してであれ、相手が自分ひとりしかいない場合には自分自身に対してであれ、明確に表現するやり方で（in ausdrücklicher Weise）何らかの「思想」を陳述しようという意図が、その者には欠けているのである。要するにこのタイプの「表現」は、厳密に言えば何のBedeutung〔意-味〕も持っていないのである」〔第五節〕。このタイプの「表現」が何も言おうとしない〔意味しない〕のは、それが何も言おうとしないからである。意味作用の次元では、明確《エクスプレス》な意図とは、表現《エクスプリメ》しようとする意図である。暗黙の含意は、言述の本質に属していない。身ぶりや表情についてフッサールがここで断言していることは、もちろんマシテヤ〔a fortiori〕前意識的あるいは無意識的言語についてもあてはまるだろう。

　場合によっては、身ぶり、表情、非-意識的なもの、無意志的なもの、指標作用一般を「解釈する」ことができるし、ときにはそれを捉え直し、明確に表現する言述的《ディスキュルシフ》な注釈の中で明文化することもできるが、そのことはフッサールから見れば、前述の区別を裏づけるだけである。そうした解釈（Deutung）はこの場合、潜在していた表現を、つまりまだ保留されていた意-味すること（bedeuten）を聞こえさせるのである。非表現的な記号が意味する（bedeuten）のは、記号の中でひとりつぶやいていたもの、一種の口ごもりの中でみずからを求めていたものを、その記号に言わせることができるというかぎりでのことである。身ぶりが意味する〔言おうとする〕のは、その身ぶりを聞き取って、それを解釈する（deuten）ことができるというかぎりでのことなのだ。Sinn〔意味〕とBedeutung〔意‐味〕を同じものだと見なすかぎり、Deutung〔解釈〕を拒絶するすべてのものは何の意味も持たないし、厳密な意味で言語ではないのである。言語の本質とは、そのテロス〔目的〕であり、言語のテロスとは、意‐味〔言‐おうとすること〕としての自由意志的な意識である。このように定義される表現性の外にとどまる指標的領域は、このテロスの挫折する境界を画定している。表現とからみ合ってはいても、意‐味〔言‐おうとすること〕によって凍結した断固たる言述《ディスクール》の中に捉え直すことのできないすべてのものを、その指標的領域は表わしているのである。

　こうしたすべての理由のために、非‐言語的記号と言語的記号を区別するようにして、指標と表現を区別することは許されない。フッサールは、言語と非‐言語のあいだにではなくて、言語一般の中で、明確に表現するもの《エクスプレス》と明確に表現しないもの《ノン・エクスプレス》（両者のすべての含意をこめて）のあいだに境界線を引くのである。というのも、言語からすべての指標的形態を除外することは困難——事実上不可能——だからである。だからフッサールとともに、せいぜい「厳密な意味での」言語的記号と広い意味での言語的記号を区別することしかできない。実際にフッサールは、彼が身ぶりと表現を除外したことを正当化して、こう結論づけている。「こうしたことは、相手がわれわれの無意志的な表出＝外化（unwillkürlichen Äusserungen）（たとえば「表現的な身動き」）を解釈し（deuten）、われわれの内奥の思想や心の動きについて大いに察知することができるとしても、そのことによって何も変わりはしないのである。そうした表出＝外化は、まさしく相手がそれを解釈する（deutet）かぎりにおいて、相手に対して「意味する〔言おうとする〕」（bedeuten）のであるが、しかし相手にとっても、それは、言語的記号という厳密な意味で（im prägnanten Sinne sprachlicher Zeichen）の Bedeutungen〔意‐味〕を持っているのではなくて、ただたんに指標という意味での Bedeutungen〔意‐味〕を持っているにすぎないのである」（第五節）。

こうしてわれわれは、指標的領野の限界をさらに先に探し求めることになる。実際、他人の身ぶりの中に言述性《ディスキュルシヴィテ》を復元する者にとっても、他人の指標的な表明《マニフェスタシオン》がおのずから表現に変わるわけではないのだ。その者が、つまり解釈者が、そうした指標的な表明について自分の考えを表現しているのである。たぶん他人との関係の中には、指標作用を還元不可能な〔＝根絶しがたい〕ものにする何かがあるからだろう。

(B)たしかに、口頭の言述《ディスクール》を表現性の活動の場《ミリウ》だと認めるだけでは充分でない。話す言葉《パロール》から外れるものとして即座に与えられるすべての非言述的な記号（身ぶり、表情等々）をひとたび除外してしまうと、今度は話す言葉の内部に、相当な規模の非‐表現性が依然として残っているのである。この非‐表現性は、たんに表現の物理的側面（「感覚的記号、分節された音声的複合体、紙に書かれた記号」）に起因しているのではない。「物理的記号と意味を付与する体験一般とを区別するだけでは充分でない。論理学的目的によって導かれている場合には、とりわけ不充分なのである」〔第六節〕。

そこでフッサールは、いまや言述の非物理的側面を考察するにあたって、心的体験の伝達あるいは表明に属するすべてのものを、相変わらず指標作用の名のもとに、そこから除外するのである。こうした除外を正当化する動きは、この現象学の形而上学的濃度の濃さについて、多くのことをわれわれに教えてくれるにちがいない。そこに現われる諸テーマは、フッサールによって二度と問い直されることはないだろう。それどころか、たえず確証されることになるだろう。そうしたテーマによって、われわれは、結局のところ指標から表現を引き離すものは、生き生きした現在の自己への直接的な非《ノン》‐現前性《プレザンス》と呼ぶことができるようなものではないかと考えさせられることになる。指標という概念を規定してきた、内世界的《ムンダーン》現実存在、自然性、可感性、経験性、連合等々の諸価値は、なるほどわれわれが予測する多くの媒介を通してではあるが、たぶんこの非‐現前性の中に、その最終的統一性を見出すことになるのかもしれない。そして、この生き生きした現在の自己への非‐現前性は、同時に〈他人との関係一般〉と〈時間化作用《タンポラリザシオン》の自己への関係〉[73]とを特徴づけているのである。

こうしたことは、『論理学研究』の中で、ゆっくりと、ひそかに、しかし厳密に形をなしてくる。すでに気づいたように、指標と表現の差異は、機能的あるいは志向的なものであって、実体的なものではない。だからフッサールは、実体的に言述的な次元に属す構成元素《エレメント》（語、一般的に言述《ディスクール》の諸部分）が、場合によっては指標として機能すると考えることができるのである。しかもこの言述の指標的機能は、大々的に働いている。あらゆる言述は、伝達作用の中に巻き込まれているかぎり、また体験を表明するものであるかぎり、指標作用として作用している。この場合、語は身ぶりのように振る舞うのである。というよりむしろ、身ぶりという概念そのものが、非‐表現性としての指標作用に基づいて規定されなければならないだろう。

なるほどフッサールは、表現が「本来果たすことを求められている」機能は伝達作用であることを認めている（第七節）。しかしそれでも、表現がこの根源的機能を果たしているかぎり、表現は、決して純粋にそれ自身であるのではない。純然たる表現性が立ち現われるのは、伝達作用が中断されるときだけなのだ。

実際、伝達作用において、何が行なわれるのだろうか。知覚可能な（聞き取れるあるいは目に見える等々の）現象は、その現象に意味を与える主体の諸作用によって生気づけられるのであり、その主体の志向作用を別の主体が同時に理解しなければならないのである。ところで「生気づけ《アニマシオン》」は、純粋でも全的でもありえないのであって、身体の非-透明性を通り抜けなければならず、ある意味ではそこでみずからを失わざるをえない。「しかし、こうした伝達作用が可能になるのは、そのとき聞き手が話し手の志向作用をも理解する場合だけである。そして聞き手がそれを理解するのは、聞き手が話し手を単なる音を発する者としてではなくて、自分に語りかける人物として、したがって音声を用いて同時になんらかの意味付与作用を行なう人物として、自分に対してその意味付与作用を表明し、その意味を伝達したいと思っている人物として把握するかぎりにおいてなのである。何よりもまず精神的交流を可能にし、互いを結びつける言述を言述たらしめているものは、相互に伝達し合う人物たちの物理的体験と心的体験のあいだの——言述の物理的側面によって媒介された——この相関関係に存するのである」〔第七節〕。

私の言述の中で、ある体験を他人に表明することを目的とするすべてのものは、物理的側面の媒介を経なければならない。この還元不可能な媒介によって、あらゆる表現は、ある種の指標的作業の中に巻き込まれるのである。表明《マニフェスタシオン》＝告知の機能（kundgebende Funktion）[74]は、指標的機能なのだ。われわれはここで、指標作用の根元に近づいている。すなわち意味を付与する作用、生気づける志向作用、意-味〔言-おうとすること〕の生き生きとした精神性が充分に現前していないときには、そのたびに指標作用があるのである。実際、私が他人の話を聞くとき、彼の体験は、「それ自身としては」根源的に私に現前していない。他人において世界にさらされているもの、彼の身体の可視性、彼の身ぶり、彼が発する音から聞き取られるものについては、私は根源的な直観を、つまり直接的な知覚を持つことができると、フッサールは考えている。しかし他人の経験の主観的側面、彼の意識、とりわけ彼が彼の記号に意味を与える作用は、それが彼にとって現前するのと同じようには、また私自身の経験の主観的側面、私の意識、私の意味付与作用が私にとって現前するのと同じようには、私に対して直接的にまた根源的に現前することはないのである。還元不可能で決定的な限界が、そこにはある。他人の体験は、物理的側面を含む諸記号によって間接的《メディアットマン》＝媒介的に指示されるかぎりでしか、私にとって明らかにはならないのである。「物理的」「物理的側面」という観念自体、こうした指標作用の運動に基づいてはじめて、その固有の差異において思考可能となるのである。

言述の中にさえ見られる、表明＝告知作用の還元不可能なほどに指標的な性格を説明するために、フッサールはすでにいくつかの動機《モチーフ》を提示しているが、『デカルト的省察』の第五省察では、その体系を綿密に展開させることになる。私に固有のもの（mir eigenes）、私に固有のものの固有性（Eigenheit）、私の〈自己への現前性〉といった超越論的なモナド的領域の外では、私は、他人に固有のものと、つまり他人の〈自己への現前性〉と、類比的付帯現前化〔訳註（19）参照〕の関係、間接的で潜在的な志向性の関係しか持たないのである。根源的な現前化は、私には禁じられている。そこで〔『デカルト的省察』で〕、弁別化された斬新で厳密な超越論的還元の監視のもとに記述されることになるものは、ここでは、つまり『論理学研究』では、心的なものの「平行的《パラレル》」

次元において粗描されているのである。「聞き手は、表明する人物自身を知覚するというのと同じ意味で、表明＝告知作用を知覚するのである――表明する者をひとりの人物たらしめる心的現象は、そのままの姿で他者の直観にもたらされることはできないのではあるが。日常的言語は、われわれに見知らぬ人々の心的体験の知覚をも与えてくれる。われわれは、彼らの怒りや苦しみなどを「見る」のである。外面的な身体的事象〔身ぶり、表情等〕[75]をも知覚されたものだと認めるかぎり、また一般的に、知覚という概念を十全な知覚という概念に、つまり最も厳密な意味での直観に限定しないかぎり、この言葉はまったく正確である。事物や出来事を、それ自身が現前する（gegenwärtigen）かぎりにおいて把握するのだと主張する直観的思念《ヴィゼ》（Vermeinen）――このような思念は可能であり、それどころか大多数の場合、概念的で明確に表現する《エクスプレス》どんな言明《フォルミュラシオン》になることもなく与えられる[76]――に知覚の本質的性格があるとすれば、その場合、表明＝告知の把握（Kundnahme）は、表明＝告知（Kundgabe）の単なる知覚なのである……。聞き手は、話し手がなんらかの心的体験を表出しているということを知覚し、そのかぎりにおいてその体験をも知覚するのである。しかし、聞き手自身がその体験を体験するのではない。聞き手は、それについてどんな「内的」知覚も持たず、たんに「外的」知覚を持つにすぎない。十全な直観における存在の実際的な《エフェクティヴ》把握と、直観的ではあるが非十全的な表象《ルプレザンタシオン》に基づいた、そのような存在の思念的な（vermeintlichen〔臆測的な〕）把握とのあいだには、大きな相違がある。前者の場合、存在は体験される。後者の場合、存在は推測される（supponiertes）のであって、一般に、真理はそれに対応していないのである。まさしく相互理解は、表明＝告知においてまた表明＝告知の把握において両方の側から展開される心的作用の、ある種の相関関係を要求するのであるが、両者の完全な同一性を少しも要求していないのである」〔第七節〕。

現前性の概念が、この証明の要《かなめ》である。伝達作用あるいは表明＝告知作用（Kundgabe）が本質的に指標的であるのは、他者の体験の現前性が、われわれの根源的直観に対して拒まれているからである。意味されるもの《シニフィエ》〔訳註（47）参照〕の直接的で充実した現前性が覆い隠されるたびに、意味するもの《シニフィアン》は指標的な性格を持つことになるだろう。（そういうわけで、多少とも冗長に「表明＝告知《マニフエスタシオン》manifestation」と翻訳されるKundgabeは、何も表明《マニフエステ》せず、「明らかな《マニフエスト》manifeste」という語が明白で、大っぴらで、「そのものとして」提示されているという意味だとすれば、何も明らかにしないのである。Kundgabe〔表明＝告知作用〕は、それが伝えるものを告知すると同時に覆い隠すのである)。あらゆる言述《ディスクール》は、もっと正確に言って、言述の中で、意味される内容の直接的な現前性を復元しないあらゆるものは、非 - 表現的である。純粋な表現性は、言述を生気づける bedeuten〔意 - 味すること〕の純然たる能動的志向作用(精神、プシュケ、生、意志)となり、bedeuten〔意 - 味すること〕によって生気づけられた言述の内容(Bedeutung〔意 - 味〕)が現前することになるだろう。現前するといっても、ただ指標作用だけが自然と空間の中で行なわれるのだから、自然の中に現前するのではなくて、意識の中に現前するのである。したがって、「内的な」直観あるいは知覚に対して現前するのである。ただし伝達作用の中で他人の直観にはなることのできないような直観に対して現前するのであり、その理由をわれわれは先ほど理解したばかりである。したがって、まだ自己から世界の中へ、空間の中へ、自然の中へと出て行かない、ある現在の生の中で、自己へと現前するのである。そうやって〔世界や空間や自然の中へと〕「出て行くこと」はすべて、この〈自己への現前性〉の生を指標の中へと追放するのだから、これまで言語のほぼ全表面を覆ってきた指標作用は、記号の中で作動している死の過程《プロセス》だと確信されるのである。そして、他人が立ち現われるやいなや、指標的言語——死への関係の別名——は、もはや消去されはしないのである。

だから非-現前性としての〈他者への関係〉は、表現の不純性である。それゆえ言語の中で指標作用を還元《レデュイール》＝抹消し、ついには純然たる表現性を取り戻すためには、他人への関係を中断しなければならない。そうすれば、私はもはや物理的側面あるいは一般にあらゆる付帯現前化という媒介を経る必要はなくなるだろう。だから第八節「孤独な心的生活における表現」は、二つの観点から見て、『デカルト的省察』におけるEigenheit〔固有性〕というモナド的領域への還元の道と平行する道をたどるのである。つまり、心的なものと超越論的なものが平行し、表現的な体験の層と体験一般の層が平行する道をたどるのである。

「これまでわれわれは、伝達的機能における表現を考察してきた。伝達的機能は本質的に、表現が指標として作用するということに基づいている。しかし、伝達という関係に巻き込まれていないような心的生活においても、表現には重要な役割が割り当てられている。機能のこの変様が表現を表現たらしめているものに抵触しないのは、明らかである。表現は、以前と同様にそのBedeutungen〔意-味〕を持っているのであり、会話におけるのと同じBedeutungen〔意-味〕を持っているのである。われわれの関心がもっぱら可感的なものに、つまり単なる音声的形成物としての語に向けられる場合にだけ、語は語であることをやめるのである。しかし、われわれが語の理解の中で生活しているときには、語が誰かに向けられていようがいまいが、語は表現するのであり、しかも同じものを表現するのである。以上のことから、表現のBedeutung〔意‐味〕は、そしてさらに本質的に表現に属しているものは、表現の表明＝告知活動とは一致しえないものだということが、明らかになるのである」〔第八節〕。

　だから、こうした内的独白への還元の第一の利点は、そこには言語による物理的な出来事《エヴェヌマン》(77)が実際に欠けているように見えるということである。語の統一性《ユニテ》——語を語として、同じ語として、音声的複合体と意味との統一性として認知させるもの——が、語の使用における多種多様な可感的出来事とは混同されえず、したがってそれに依存することもありえないとすれば、その点で、語の同一性〔同じものであること《ル・メーム》〕はイデア的であり、反復のイデア的可能性であって、語の現出によって刻印を残されるどんな経験的出来事を、つまりすべての経験的出来事を還元したとしても、この語の同一性からは何も失われないのである。「われわれにとって指標（目印）として役立つべきものは、実在するものとしてわれわれによって知覚されなければならない」〔第八節〕のに、語の統一性は、その現実存在（Dasein〔現存在〕、Existenz〔実存〕）に何も負っていないのである。語の表現性は、経験的身体=物体《コール》を必要とせず、それが意《ヴロワール》-味《デイール》〔言-おうとすること〕によって生気づけられるものであるかぎりにおいて、ただその身体=物体のイデア的で同一的《イダンティック》な形式だけを必要としているのであって、内世界的《ムンダーン》、経験的等々のどんな現実存在に対しても何も負っていないのである。だから「孤独な心的生活」において、表現の純粋な統一性そのものが、ついに私のもとに返還されることになるわけである。

ということはつまり、私が私自身に語りかけるとき、私は私自身に何も伝達しないということになるのだろうか。そのとき、「Kundgabe〔表明=告知〕」と「Kundnahme〔表明=告知の把握〕」は中断されるのだろうか。非-現前性が還元され、それとともに指標作用や類似の遠まわしな手段等々も還元されるのだろうか。そのとき、私は自分を変様させないのだろうか。私は私自身について、自分には何も知らせないのだろうか。

フッサールは、まず反論を検討し、次いでそれを退けている。「孤独の中で語っている者は、自分自身に対して語りかけているのであり、彼にとっても語は記号（Zeichen）として、つまり彼自身の心的体験の指標（Anzeichen）として役立っていると、われわれは言うべきだろうか。私は、そのような見解が支持されるべきだとは思わない」〔第八節〕。

ここでのフッサールの論証は決定的なものであり、われわれはそれを仔細にたどらなければならない。もし仮にKundgabe〔表明＝告知〕とKundnahme〔表明＝告知の把握〕の機能が、私の固有の体験の領域で還元されないのだとすれば、また結局「固有の」主観性のイデア的あるいは絶対的な孤独が、それ自身の〈自己への関係〉を構成するために、依然として指標を必要としているのだとすれば、本質的区別を論じるこの第一章で示される意味作用〔記号作用〕の理論全体が、崩れ去ることになるだろう。結局のところ、見かけにはだまされないようにしよう。つまり、指標を必要とするというのは、ただたんに記号を必要とするというだけの意味なのである。というのも、指標的記号と表現的記号のあいだの第一章冒頭の区別にもかかわらず、フッサールにとってただ指標だけが真に記号なのだということが、ますます明らかだからである。充実した表現——つまり、あとでまたわれわれが検討するように、意‐味で充実された志向作用——は、ある意味では記号という概念を免れているのである。われわれが先ほど引用したフッサールの文章の中でも、すでに「……記号として、つまり指標として……」という句が読み取れた。しかしそれを、あとになってその真相が明かされることになるようなある種の言い違いのように、さらに検討してみよう。「……記号として、つまり指標として……」(als Zeichen, nämlich als Anzeichen) と言うかわりに「……記号として、つまり指標の形をした記号として」と言うことにしよう。フッサールは、テクストの表面上は、当面のところ二種類の記号のあいだの冒頭の区別を尊重しつづけているのだから。

孤独な心的生活においてはもはや指標作用が機能しないことを証明するために、フッサールはまずはじめに、二種類の「参照指示《ランヴォワ》」の差異を際立たせる。すなわち Hinzeigen (とにかく慣例上の理由で、またテクストの一貫性を破壊したくなければ、この語を指標作用と訳さないように気をつけなければならない。独断的に「表-示作用《モンストラシオン》」(78)と言うことにしよう) としての参照指示と、Anzeigen (指標作用) としての参照指示である。ところで、フッサールは次のように言う。沈黙の独白においても「他のあらゆる場合と同様に、語は記号として機能している」とすれば、また「われわれはどんな場合でも端的に表-示作用 (Hinzeigen) について語ることができる」〔第八節〕とすれば、表現から意味への、意味するもの《シニフィアン》から意味されるもの《シニフィエ》への 浸食《トランスグレシオン》〔=越境〕は、ここではもはや指標作用ではない。Hinzeigen〔表-示作用〕は Anzeigen〔指標作用〕ではないのだ。というのも、この浸食、あるいはこの参照指示と言ってもいいが、それはここで、どんな現実存在《エグジスタンス》（Dasein〔現存在〕、Existenz〔実存〕）もなしですますからである。反対に指標作用においては、ある実在する記号、ある経験的な出来事が、少なくともその現実存在が推定されるような内容への参照を指示するのであって、〔指標によって〕指示されるものの現実存在についてのわれわれの予測あるいは確信の動機となっているのである。経験的ということはただたんに蓋然《がいぜん》的〔訳註（12）参照〕ということだが、そうした経験的現実存在のカテゴリーを介入させることなしに指標について考えることはできないのであるが、そのことはまた、フッサールにとって、エゴ‐コギト〔自我‐意識作用〕[79]の現実存在と対比される内世界的《ムンダーン》現実存在の定義にもなるだろう。独白への還元とは、まさしく経験的で内世界的な現実存在を括弧に入れることなのである。「孤独な心的生活」の中では、われわれはもはや実在的な（wirklich〔現実の〕）語を使わず、ただ表象された（vorgestellt）語だけを使うのである。そして体験は――それが独力では語る主体《シュジエ・パルラン》に「指示され」ないのではないかということが疑問点だった――そんなふうに指示される必要はないのであって、直接的に確実なものとして、自己へと現前するのである。実在的《レアール》な〔現実の〕伝達作用《コミュニカシオン》においては、実在する記号が、蓋然的で、間接的に喚起されるにすぎない他の実在《エグジスタン》するものを指示するのに対して、独白においては、表現が充実しているとき、(*16) 実在しない記号が、イデア的で、したがって実在しない意味されるもの《シニフィエ》(Bedeutungen〔意-味〕)を表-示するのである。それは、直観に対して現前するのだから、確実な意味されるもの《シニフィエ》である。内的現実存在の確実性については、意味作用《シニフィカシオン》〔記号作用〕を必要としないと、フッサールは考えている。それは、直接的に自己へと現前する。それは、生き生きした意識なのだ。

だから内的独白において、語はたんに表象されるだけだということになるだろう。その場は、想像的なもの《イマジネール》(Phantasie)(80) だということになるかもしれない。われわれは、語を想像するだけであり、語の現実存在はそんなふうにして中立化されるのである。こうした語の想像作用において、こうした語の想像表象(Phantasievorstellung)において、われわれは、もはや語という経験的出来事を必要としていない。語が現実存在であろうと非-現実存在であろうと、われわれにはどうでもいいのである。というのも、その場合、語の想像作用がわれわれに必要だとしても、想像された語はなくてもかまわないからである。語の想像作用、想像されるもの、語の想像《エートル・イマジネ》=存在、語の「像《イマージュ》」は、(想像された)語ではないのである。語の知覚作用においては、「世界の中に」ある(知覚されたあるいは立ち現われる)語が、語の知覚作用あるいは立ち現われ《アパレートル》(81)〔=現出〕の次元と、つまり語の知覚＝存在《エートル・ペルスユ》（知覚される存在）の次元とは根底的に異なる次元に属しているのと同じように、（想像された）語は、語の想像作用の次元とは根底的に異質の次元のものなのである。この差異は単純であると同時に微妙なものであるが、それが現象性の還元不可能な特殊性を現出させるのであって、それに対して絶え間なく用心深い注意を払わなければ、現象学について何も理解することはできないのである。

それにしても、なぜフッサールは、（知覚された）実在する語と、語の知覚あるいは知覚される存在（知覚＝存在）、つまり語の現象とのあいだの差異で満足しないのだろうか。それは、知覚という現象には、現象性そのものの中に、語の現実存在《エグジスタンス》へのある種の準拠＝関係《レフェランス》が書き込まれているからである。その場合に「現実存在」という意味が、現象に属しているのである。想像作用という現象においては、もはやそうではない。想像作用においては、語の現実存在は、たとえ志向的意味という名目であっても、含意されていないのである。この場合には、ただ語の想像作用しか実在せず、その想像作用は、体験として絶対的に確実なものであり、自己へと現前するものなのである。それはすでに一種の現象学的還元であって、主観的体験を、絶対的確実性と絶対的現実存在の領域として分離するのである。この絶対者としての現実存在は、超越的世界の相対的現実存在を還元することにおいてしか立ち現われない。そしてすでに「現象学の死活にかかわる構成元素《エレメント》」(『イデーンⅠ』)である想像作用によって、この運動は、その特権的な媒体《メディヨム》を手に入れているのである。「ここでは(孤独な言述《ディスクール》においては)、実際われわれは通常、実在的な語の代わりに、表象された語で満足している。語られたものであれ印刷されたものであれ、ある言語的記号がわれわれの想像作用の中に思い浮かべられるのであるが、実のところそれは、まったく実在していないのである。われわれは、想像の表象(Phantasievorstellungen)を、ましてやその基盤である想像の内容を、想像された対象と混同してはならないだろう。実在しているのは、想像された語の響きや想像された活字ではなくて、想像作用におけるそれらの表象である。その相違は、想像されたケンタウロスと、想像の中のケンタウロスの表象とのあいだの相違と同じである。語の非-現実存在(Nicht-Existenz)は、われわれの妨げにはならない。それ以上にそれは、われわれの関心を引かないのである。というのも、表現としての表現の機能には、そのことが影響を及ぼさないからである」〔第八節〕。

こうした論証は、それが想像作用の古典的心理学にしか訴えないとしたら、非常にもろいものとなることだろう。それに、その論証をそのように理解するとすれば、大いに慎重さを欠くことになるだろう。そのような心理学にとって、像《イマージュ》は一種の記号＝肖像であって、その実在性（物理的なものであれ心的なものであれ）は、想像された対象を指示しているのである。フッサールはのちに、『イデーンI』の中で、そのような考え方によってどんなアポリアに導かれるのかを示すことになるだろう(*17)。像《イマージュ》は、志向的あるいはノエマ的意味（訳註（1）参照）として、またそれが意識という、現実存在《エグジスタンス》と絶対的確実性の領域に属しているにもかかわらず、他の実在《レアリテ》と重なり合うような一実在ではない。像《イマージュ》が自然の中にある一実在《レアリテート》(Realität)ではないからというだけではなくて、ノエマが意識の実的《レエール》(reell)（訳註（29）参照）でない構成要素《コンポザント》だからである。

ソシュールもまた、実在的な語とその像《イマージュ》を区別しようと気づかった。彼もまた、「意味するもの《シニフィアン》」の表現的な価値を、「音響的像《イマージュ》（聴覚映像）」という形相《フォルム》(82)にだけ認めたのである(*18)。「意味するもの《シニフィアン》」は「音響的像《イマージュ》」を意味しているのだ。しかしソシュールは、「現象学的な」配慮をしていないために、音響的像を、つまり「心的な印象」としての意味するもの《シニフィアン》を、内的であることがその唯一の独自性であるような一実在《レアリテ》にしているのであるが、そのことは、問題の論点をずらしているだけなのである。ところがフッサールは、『論理学研究』においては、心的で非超越論的な領域で記述を展開しているとしても、そのときでもやはり、いずれ『イデーンI』の中で描き出すことになるような構造の本質的構成要素《コンポザント》を見分けているのである。つまり現象的体験は、実在性(Realität)には属していないのだ。現象的体験においては、いくつかの構成元素《エレメント》は実的《レエール》(reell)に意識に属している(ヒュレー、モルフェー(83)、ノエシス)が、ノエマ的内容は、つまり意味は、体験の実的《レエール》(reell)でない構成要素なのである(*19)。だから内的言述《ディスクール》の非実在性《イレアリテ》は、大いに相違のある構造なのである。フッサールは、執拗にというわけではないにしても、非常に的確にこう書いている。「語られたものであれ印刷されたものであれ、ある言語的記号がわれわれの想像作用の中に思い浮かべられるのであるが、実のところそれは、まったく実在していないのである。われわれは、想像の表象(Phantasievorstellungen)を、ましてや〔強調デリダ〕その基盤である想像の内容を、想像された対象と混同してはならないだろう」〔第八節〕。だから、語の想像作用は想像された語ではないのであって、語の想像作用は実在しないというだけではなくて、その想像作用の内容(ノエマ)が、その作用にもまして実在しないのである。

原註

*15 第一二四節。P・リクールによる仏訳。われわれは他の場所で、『イデーンI』における意《ヴロワール》‐味《ディール》と表現の問題群を、もっと直接的に分析している。「形式と意‐味。言語の現象学に関するノート」（『国際哲学誌』、一九六七年九月号）参照（『余白――哲学の／について』所収）。

*16 難問をもつれさせ、増加させないために、まさしくこの場所では、われわれは完全な表現だけを、つまりその「Bedeutungsintention〔意‐味志向〕」が「充実され」ている表現だけを考察することにしよう。この充実が、あとで検討するように、フッサールがここで意《ヴロワール》‐味《ディール》と表現の名のもとに切り離して考えたいと思っているもののテロスであり実現であるという点で、われわれがそうすることの正当性が認められるのである。非‐充実は、われわれがもっとあとで遭遇することになる独特な諸問題を生じさせることになるだろう。

　われわれが拠り所とした一節を、ここに引用しておこう。「表現とBedeutung〔意‐味〕のあいだの関係を検討し、この目的のために、意味《サンス》で充実された表現という複合的で、そのうえ緊密に統一された体験を、語と意味という二つの要因に分解するとき、われわれには、語そのものは、それ自体としてはどうでもよいものに思われるのに、意味は、語によって「狙われ」ているもの、その記号を介して思念《ヴィゼ》されているもののように思われる。このように表現は、関心を自己からそらして意味の方に向け（von sich ab und auf den Sinn hinzulenken）、意味への参照を指示している（hinzuzeigen）ように見える。しかしこの参照指示（Hinzeigen）は、われわれがそれについて議論した意味での指標作用（das Anzeigen）ではない。記号の現実存在は、Bedeutung〔意 - 味〕の現実存在の、もっと正確に言えば、Bedeutung〔意 - 味〕の現実存在（Dasein）についてのわれわれの確信の動機にはならないのである。指標（目印）としてわれわれに役立つべきものは、実在《エグジスタン》するもの（als daseiend）としてわれわれによって知覚されなければならない。このことはまた、伝達的言述《ディスクール》における表現の場合にもあてはまるが、孤独な言述〔独り言〕における表現には妥当しないのである」〔第一部第一章第八節〕。

＊17　第九〇節と第三部第四章の全体、とくに第九九節、第一〇九節、第一一一節、とりわけ第一一二節参照。「真正の現象学的分析の実践が、依然として変わらない現在の状況よりも広く行きわたるようになったときにはじめて、困難が取り除かれることになるだろう。人々が、諸体験を「内容」あるいは心理的「要素」のように扱ってい

るうちは、そして原子論的あるいは事物主義的心理学に対する当節流行のあらゆる論争にもかかわらず、それらを縮小された事物（Sächelchen）の類いだと見なしているうちは、さらにまた「感覚の内容」とそれに対応する「想像の内容」のあいだの差異を、「強度」「充実」等々のような物質的基準のうちに見出せると思い込んでいるうちは、何の進歩も予見することはできない。まず手始めに人々は、ここで問題となっているのは、意識にかかわる差異だということに気づかなければならないだろう……」（第一一二節、P・リクール仏訳）。このようにフッサールが尊重したいと思っている現象学的独自性に導かれて、彼は、知覚あるいは根源的現前化（Gegenwärtigung〔現在化〕、Präsentation〔現前化〕）と再-現前化あるいは表象的な再-生産——準現在化《プレザンティフィカシオン》（Vergegenwärtigung）とも訳される——のあいだの絶対的異質性を提起するに至る。想起、像《イマージュ》、記号は、この意味で再-現前化である。実を言えば、フッサールは、この異質性を認めるに至ったわけではない。そもそもこの異質性は、現象学の可能性のすべてをなしているのであって、もし純粋で根源的な現前化というようなものが可能なもの、独創的なものでないのならば、現象学には何の意味もないのである。だから、このような区別（少なくともこれに、想起の中で「かつて-現在で-あったもの」を措定する定立的な《ポジシヨネル》（setzende）再-現前化と、その点では中立的である想像的な再‐現前化（Phantasie-Vergegenwärtigung）とのあいだの区別をつけ加えなければならない）は、われわれはその複合的で根本的な体系全体をここで直接的に検討することはできないけれども、古典的心理学、とりわけ想像作用と記号に関する古典的心理学を批判するために必要不可欠の手段なのである。ところで、素朴な心理学についてのこうした批判の必要性を、ある程度までだけでも受け入れることができないだろうか。そうすれば結局、「純粋な現前化」、純粋で根源的な知覚、充実した単純な現前性等々といったテーマや価値が、現象学と古典的心理学の結託をなし、両者に共通の形而上学的前提をなしていることを示すことができるのではないだろうか。知覚は実在しないと、あるいは知覚と呼ばれるものは根源的ではないと断言するときに、また、ある意味ではすべては「再‐現前化」から「始まる」（もちろんこの二つの概念〔「再‐現前化」と「始まる」〕の削除訂正《ラチュール》においてしか主張されえない命題である。つまり「始まり」は存在せず、われわれの語る「再‐現前化」は、根源的な現前化に突然生じた「再‐」という変様《モディフィカシオン》ではないということを、その命題は意味している）と断言するときに、そして「根源的なもの《オリジネール》」の核心に「記号」という差異を再び導入するときに、ある種の「経験論」の方へであれ、根源的直観に対する権利主張についての「カント学派的」批判の方へであれ、超越論的現象学の手前に立ち戻る必要はないのである。こうしてわれわれは、この試論の根本的意図を——そしてそのはるかな地平を——示したわけである。

*18 『論理学研究』のテクストと次の『一般言語学講義』の一節とをつき合わせてみなければならない。「言語記号は、物《シヨーズ》と名前を結びつけるのではなくて、概念と音響的像《イマージュ》〔＝聴覚映像〕を結びつけるのである。音響的像は、純粋に物理的なものである物質的音響ではなくて、その音響の心的な刻印であり、われわれの感覚の認識判断によって与えられるその音響の表象《ルプレザンタシオン》である。つまり感覚的なものであって、たまたまわれわれがそれを「物質的」と呼ぶことがあるとしても、それはただたんにこの意味〔「感覚的なもの」〕においてであり、組み合わせのもう一方の項である、普通はより抽象的なものである概念《コンセプト》と対比させてそう呼んでいるだけである。われわれの言う音響的像の心的な性格は、われわれがわれわれ自身の言語活動《ランガージュ》を観察するときに、はっきりと現われる。われわれは、唇も舌も動かさずに、自分自身に語りかけたり、心の中で一篇の詩を暗誦することができるのである」（第一編「一般原理」の第一章第一節、強調デリダ）。さらに、たちまちのうちに忘れられてしまった次のような警告がなされている。「言語《ラング》における語《モ》とは、われわれにとっては音響的像のことであるから、語を構成する「音素《フォネーム》」について語るのは避けなければならない。その

用語は、発声作用という観念を含んでいるので、語られる語にしか、つまり内的像《イマージュ》の言述《ディスクール》における実現にしか適さないのである」〔同前〕。忘れられた警告。おそらく、ソシュールによって提示された代替案が、危険をさらに深刻にすることにしかならなかったからだろう。「音と音節について語るときに、問題は音響的像だということを覚えてさえいれば、この誤解は避けられる」〔同前〕。はっきりと認めておかなければならないが、音と言うよりも音素と言った方が、ずっと容易にそのことを覚えていられるのである。音が現実の〔人間の〕発声作用の枠を越えて考えられるのは、音素よりも音の方が、自然の中の一事物として位置づけることが容易だというだけのことなのである。

　他のいくつかの誤解を避けるために、ソシュールはこんなふうに結論する。「ここで問題になっている三つの概念を、互いに対立しながら互いに呼応する名前によって示すならば、曖昧さは消え失せるだろう。われわれは、記号〔signe〕という語を全体を示すためにとっておいて、概念と音響的像をそれぞれ意味されるもの〔signifié〕と意味するもの〔signifiant〕に置き換えることを提案する」〔同前〕。フッサールにおける bedeuten〔意 - 味する〕／Bedeutung〔意 - 味〕／意味《サンス》／対象《オブジエ》という構造が、ソシュールの場合と比べてさほど複雑なわけでもないとしたら、意味するもの《シニフィアン》／表現、意味されるもの《シニフィエ》／Bedeutung〔意－味〕という等値性を想定することができるかもしれない。さらにまた、フッサールが『論理学研究』の第一部（「表現と意味」）でとりかかっている作業とソシュールによる言語《ラング》の「内的体系」の境界画定《デリミタシオン》とを、体系的に比較しなければならないことにもなるだろう。

＊19　像《イマージュ》と記号の場合におけるノエマの非《ノン》－実的性格《レエリテ》については、とくに『イデーンI』の第一〇二節を参照。

訳註・「ノエマ的な「諸対象」というものは――写像という客観であれ、或いは模写の働きを受けている客観であれ、かつまた、記号として機能している客観であれ、或いは記号によって表示されているところの客観であれ、それらに属しているもろもろの性格づけ、つまり、「何かに対する写像」、「模写された」、「何かに対する記号」、「記号によって表示された」といった性格づけを度外視して考えるならば、それらのノエマ的な「諸対象」は――、明らかに、体験のうちで意識されてはいるがしかし体験を超越した統一物である。だが、そうであるとするならば、それらのノエマ的諸対象に付着して登場して意識され、それらのノエマ的諸対象へと目差しを定めることによってそれらのノエマ的諸対象の特性として把握されるところの、諸性格というものは、体験の実的契機と見なされることはありえないであろう。では、実的な体験成素であるものと、その中で非実的なものとして意識されるものとの、両者は、どのように相互に関係するのか、という問いが出てくるが、この問いが、いかにむずかしい問題を随伴させてくるとしても、しかしやはりわれわれは、両者の区別を、いかなる場合も常に、行なわなければならない」(『イデーンI-II』渡辺二郎訳、みすず書房、一六一〜一六二頁)。

第四章　意‐味と表象《ルプレザンタシオン》＝代理

この論証の対象とその要点を思い起こそう。表現と意《ヴロワール》‐味《ディール》の純粋な機能は、伝達し、通知し、表明すること、つまり指示《アンディケ》することではない。ところで、指標作用《アンディカシオン》のないそのような表現がありうるということを、「孤独な心的生活」が証明するだろう。孤独な言述《ディスクール》〔独り言〕において、主体は自分自身に関して何も知らせず、自分自身に対して何も表明しないのである。こうした論証の諸帰結は、現象学の中で果てしのないものとなるのだが、フッサールは、この論証を主張するために二つの型《タイプ》の論拠に訴えている。

一、内的な言述において、私は、私自身に対して何も伝達しない。私は、自分に何も指示しない。私にできるのはせいぜい、自分がそうしていると想像することであり、私自身が私自身に対して何かを表明している姿を思い描く〔表象する《ルプレザンテ》〕ことだけである。

それはまさしく一つの表象、一つの想像作用でしかない。

二、内的な言述において、私は、私自身に対して何も伝達せず、私にはそうする必要がないのだから、そうするふりをすることしかできない。そのような働き――自己から自己への伝達作用――が起こりえないのは、それがなんの意味も持たないからである。そして、それがなんの意味も持たないのは、それがどんな目的性も持つことがないからである。心的な諸作用の現実存在《エグジスタンス》が指示される必要がないのは（一般に現実存在だけが指示されうるということを思い起こそう）、その現実存在が、現在の瞬間において、主体に対して即座に（＝媒介なしに）現前するからである。

まず最初に、二つの論拠を結びつけている一節を読んでみよう。「なるほどある意味では、孤独な言述（独り言）においても、人は語っているのであり、したがって自分自身を、語っている者として、それどころか場合によっては自分自身に語りかけている者として把握することが、確かに可能である。たとえば、誰かが自分自身に対して、おまえはひどい振る舞いをした、もうそんなふうに振る舞いつづけることはできない、と言うような場合である。しかしその場合、人は本来の意味では、つまり伝達という意味では語っておらず、自分自身に対して何も伝達せず、語り、伝達する者として自分自身を思い描いている〔表象する〕（man stellt sich vor）だけである。しかしながら語は、独白の中では、心的作用の現実存在《エグジスタンス》（Dasein）の指標という機能においてわれわれの役に立つことはできない。というのも、そのような指標作用は、ここではどんな目的性《フィナリテ》も持たないだろう（ganz zwecklos wäre）から。実際、問題の諸作用は、われわれ自身によって、同じ瞬間に（im selben Augenblick）体験されるのである」〔第八節〕。

　こうした断言は、非常に多様な問題を提起する。しかしそれはすべて、言語における表象＝代理〔représentation〕の地位《スタチュ》規定にかかわっている。Vorstellung〔表象〕という一般的な意味での表象＝代理《ルプレザンタシオン》の地位規定にかかわっているだけでなく、現前化《プレザンタシオン》の反復あるいは再生としての、つまりPräsentation〔現前化〕あるいはGegenwärtigung〔現在化〕を変様させるVergegenwärtigung〔準現在化〕としての再《ル》-現前化《プレザンタシオン》という意味での表象＝代理の地位規定にもかかわっているのであり、要するに、別のVorstellung〔表象〕に取って代わって、その場を占める代理《ルプレザンタン》（Repräsentation〔代表象〕、Repräsentant〔代表〕、Stellverstreter〔代理者〕）という意味での表象＝代理の地位規定にもかかわっているのである。[*20]

　まず、第一の論拠を考察しよう。独白の中で、人は自分に何も伝達せず、語る主体、伝達する主体として自分自身を思い描く〔表象する〕(man stellt sich vor) のである。したがってフッサールはここで、言語に対して、実在《レアリテ》と表象《ルプレザンタシオン》のあいだの根本的な区別を適用しているように思われる。実際の伝達作用（指標作用）と「表象＝代理された《ルプレザンテ》」伝達作用のあいだには、本質的な差異、単純な外在性があることになるだろう。さらにそのうえ、純然たる表象（Vorstellung）としての内的言語（伝達作用という意味での）に到達するためには、虚構《フィクシオン》[84]を、つまり想像の表象という特殊な型の表象を経なければならないだろう。フッサールはのちに、この想像の表象を、中立化する表象＝再現前化《ルプレザンタシオン》(Vergegenwärtigung)〔準現在化[85]〕と規定することになる。

こうした区別の方式《システム》を、言語に対して適用することができるのだろうか。伝達作用において、つまり言語のいわゆる「実際の《エフェクティヴ》」実践においては、表象＝代理《ルプレザンタシオン》（この語のすべての意味での）は本質的でも構成的でもなくて、言述《ディスクール》の実践に場合によってつけ加わることもあるような偶有的《アクシダン》なものにすぎないということを、まず最初に仮定しなければならないだろう。ところが言語においては、表象＝代理と実在《レアリテ》を厳密に区別することは原理的に不可能だという単純な理由によって、当然のことながら、両者は時にくっついたり離れたりするようなものではないと考えられるのである。しかも、おそらく、そういうことが言語において生じると言うにはおよばない。言語とは一般的に、そういうことなのである。ただ言語だけがそうなのである。

フッサール自身が、自分自身に反して、そう考える手だてをわれわれに与えている。というのも、私が語をいわば実際に使うとき、伝達の目的でそうしようとしまいと（われわれはここで、そうした区別以前の、記号一般の事例《アンスタンス》＝審級に身を置くことにしよう）、最初から私は、ある種の反復構造を（の中で）実行しなければならず、その反復構造の構成元素《エレメント》は表象＝代理的《ルプレザンタティフ》でしかありえないのである。もし出来事《エヴエヌマン》という語が、かけがえのない、取り返しのきかない経験的な唯一性を意味するのだとすれば、記号は決して出来事ではない。たった「一度」しか生じないような記号は、記号ではないだろう。まったくの特有語《イディオム》(86)であるような記号は、記号ではないだろう。意味するもの《シニフィアン》（一般）は、それを変様させるかもしれないさまざまな経験的性格にもかかわらず、またそうした経験的性格を通して、その形式において識別可能でなければならない。経験的出来事と呼ばれるものが必然的に意味するもの《シニフィアン》に被らせる歪曲にもかかわらず、またそうした歪曲を通して、それは依然として同じものでなければならず、そのようなものとして反復されることができなければならない。音素《フォネーム》や書記素《グラフエーム》(87)は、ある作用《オペラシオン》や知覚の中に姿を現わすたびごとに、ある意味ではいつも必ず別のものであるが、ある種の形式的同一性によって繰り返され、識別されるのでなければ、一般的に記号として、また言語として機能することができない。この同一性は、必然的にイデア的である。したがってそれは、必然的に表象＝代理《ルプレザンタシオン》を含んでいる。つまりイデア性一般の場である Vorstellung〔表象〕としての表象＝代理を、再生的反復一般の可能性である Vergegenwärtigung〔準現在化＝再現前化〕としての表象＝代理を、また一つ一つの意味する《シニフィアン》ものという出来事がそのたびに代用（意味される《シニフィエ》ものの代用でもあり、意味する《シニフィアン》もののイデア的形式の代用でもある）であるかぎりにおいて、Repräsentation〔代表象〕(88) としての表象＝代理を含んでいるのである。この表象＝代理的な構造は意味作用《シニフィカシオン》そのものであるのだから、私は、ある種の無際限の表象＝代理性《ルプレザンタティヴィテ》に根源的に巻き込まれることなしに、「実際の」言述《ディスクール》に着手することはできないのである。

言述の伝達的で指標的な外皮を剝ぎ取って、言述の本質に対応するような孤独な言述〔独り言〕といったものを想定することによって、まさしくフッサールが明らかにしたいと思っているのは、表現性のそうしたもっぱら表象＝代理的な性格なのだという反論が、たぶんわれわれに対して向けられるだろう。そして、まさしくわれわれがわれわれの問いを作り上げたのは、フッサールの諸概念を使ってのことだという反論がなされるだろう。確かにそのとおりである。しかし、フッサールがVorstellung〔表象〕としての表象＝代理《ルプレザンタシオン》の次元への帰属を記述したいと思っているのは、ただ表現に関してであって、意味作用《シニフィカシオン》〔記号作用〕一般に関してではないのである。ところでわれわれは、表象＝代理を——そして他の表象＝代理的変様を——あらゆる記号一般が含んでいるということを示唆したばかりである。またとりわけ、言述が本質的に表象＝代理の次元に属していることが認められた以上、言述が純粋に「表現的」であろうと、「伝達作用」に巻き込まれていようと、「実際の」言述と言述の表象＝代理との区別は、疑わしいものになる。記号一般の根源的に反復的な構造のために、「実際の」言語が想像的な言述と同じくらい想像的なものである可能性、そして想像的な言述が実際の言述と同じくらい実際的なものである可能性は、大いにある。表現にかかわる場合であれ、指標的な伝達作用にかかわる場合であれ、実在《レアリテ》と表象＝代理の、本物と想像的なもの《イマジネール》の、単純な現前性と反復のあいだの差異は、つねにすでに消失しはじめているのである。この差異を維持することは——形而上学の歴史において、さらにフッサールにおいて——、現前性を救い出し、記号を還元＝抹消《レデュイール》したり逸脱させたりする執拗な欲望に応じているのではないだろうか。記号とともに、反復の力のすべてを還元＝抹消したり逸脱させたりする執拗な欲望に応じているのではないだろうか。それは、反復の、表象＝代理の、現前性を覆い隠す差異の――保証され、補強され、構成された――効力の中で生きつづけることでもある。だから、われわれがたった今そう言ったように、記号においては、実在と表象＝代理等々〔本物と想像的なもの、単純な現前性と反復〕のあいだに差異は生じないと主張すること、それは結局、そうした差異を確証する行為《ジェスト》は記号の消去そのものだと言っていることになるのだ。しかし、記号の独自性を消去する二通りのやり方があるので、そうしたすべての動きの変わり身の早さに注意をはらわなければならない。実際その動きは、一方から他方へと、非常にすばやく、非常に巧妙に移行するのである。直観と現前性の哲学は、古典的なやり方で、記号を消去することができる。この哲学は、記号を逸脱させることによってそれを消去し、再生と表象＝代理とを、単純な現前性に不意に到来する変様《モディフィカシオン》にすることによって無効にするのである。しかし、こうして記号の概念そのものを構成し、築き上げたのはそのような哲学――実のところ、西洋の哲学そのものであり西洋の歴史――であるので、記号の概念は、すでにその起源から、またその意味の核心において、こうした逸脱あるいは消去の意志によって刻印されている(89)

のである。したがって、古典的形而上学に抗して記号の独自性と非逸脱的性格を復元することは、明らかな逆説《パラドクス》によって、現前性の形而上学の企て《アヴァンチュール》にその歴史と意味のすべてが帰属しているような記号の概念を消去することでもあるのだ。この図式は、表象＝代理、反復、差異等々の概念にも、またその諸概念の体系全体にも当てはまる。この図式の運動は、当面のあいだ、また長期的に、形而上学の言語に対して、内側から、ある内部から働きかけることとしかできないだろう。おそらくこの働きかけは、つねにすでに始まっているのである。万一形而上学の囲い《クロチュール》＝閉域の名が明かされるときには、その内部で何が起こっているのか、捉え直さなければならないことになるだろう。

　こうして実在的《レアール》な現前性とVorstellung〔表象〕としての表象《ルプレザンタシオン》＝代理における現前性のあいだの差異とともに、言語によって、ある差異の体系全体が、同じ脱構築《デコンストリュクシオン》(90)の中に引きずり込まれる。つまり、一般的に表象《ルプレザンテ》＝代理されるものと表象《ルプレザンタン》＝代理するもの、意味《シニフィエ》されるものと意味《シニフィアン》するもの、単純な現前性とその再生、Vorstellung〔表象〕としての現前化《プレザンタシオン》とVergegenwärtigung〔準現在化〕としての再-現前化《ルプレザンタシオン》のあいだの差異の体系全体がそこに引きずり込まれるのだ。というのも、再-現前化において表象＝代理されるのは、Vorstellung〔表象〕としての現前化（Präsentation）だからである。

こうしてついに――フッサールの明確な意図に反して――Vorstellung〔表象〕そのものを、それ自体として、反復の可能性に依存させ、また最も単純なVorstellung〔表象〕である現前化（Gegenwärtigung〔現在化〕）を再 - 現前化（Vergegenwärtigung〔準現在化〕）の可能性に依存させるに至るのである。反復から〈現在《プレザン》 - の - 現前性《プレザンス》〉を派生させるのであって、その逆ではない。フッサールの明確な意図に反してはいるが、しかし、たぶんもっとあとで明らかになるように、時間化の運動と他人への関係〔訳註（18）および（19）参照〕についての彼の記述の中に含意されているものを考慮に入れていないわけではないのである。

もちろんイデア性の概念が、このような問題提起《プロブレマティック》の中心にあるにちがいない。フッサールによれば、言述《ディスクール》の構造は、イデア性としてしか記述されることができない。それはつまり、同じもののままでいなければならず、イデア性としてしか同じものであることができない意味するもの《シニフィアン》の（たとえば語の）可感的〔知覚可能な〕形式のイデア性である。また意味されるもの《シニフィエ》の（Bedeutung〔意 - 味〕の）あるいは思念《ヴィゼ》された意味のイデア性である。ただし思念された意味は、思念という作用とも、対象とも混同されない。思念という作用や対象はイデア的でない場合もありうるからである。最後に、場合によっては、言語のイデア的透明性と完全な一義性とを保証する（それが精密科学の中で起こっていることである）対象そのもののイデア性である。(*21) しかしこのイデア性は、同じもの《メーム》の恒常性の名にすぎず、その反復の可能性でしかないから、世界の中に実在せず、また別の世界からやって来るのでもない。このイデア性は、反復作用の可能性に全面的に依存している。それは、反復作用の可能性によって構成されているのである。その「存在《エートル》」は、反復の力に相応している。絶対的イデア性は、無際限の反復可能性の相関者《コレラ》である。だから存在は、フッサールによってイデア性として、つまり反復として規定されていると言うことができる。フッサールによれば、歴史的発展は、つねにイデア性の構成を本質的形式とするのであり、そのイデア性の反復は、したがって伝統は、無限に保証されることになる。反復と伝統とは、すなわち根源の伝播と再活性化である。このイデア性としての存在の規定は、まさしく一つの評価であり、哲学の根源的決定をそのプラトン的形式において覚醒させる倫理＝理論的行為である。フッサールは、ときおりそのことを認めている。彼がつねに反対してきたのは、因襲的なプラトン主義に対してだからである。フッサールがイデア性の非《ノン》－現実存在《エグジスタンス》あるいは非《ノン》－実在性《レアリテ》を主張するときにはつねに、知覚可能な現実存在や経験的な実在性には、さらにはそうしたものの虚構〔訳註（84）参照〕には還元することのできないようなし方で、イデア性が存在していることを認めるためにそうしているのである。[＊22] 真ニ存在スルモノ《オントース・オン》〔ontōs on〕を形相《エイドス》〔訳註（33）参照〕として規定することによって、プラトンもまた同じことをしていたのである。

ところで——そしてここでもう一度、解釈に加えて解説をうまく関連づけなければならないが——こうしたイデア性としての存在の規定は、逆説的にも、現前性としての存在の規定と一体になっている。Vor-stellung〔表-象＝前に-置くこと〕が、視線に対する近さ《プロクシミテ》としての現前性の一般的形式であるので、純粋なイデア性とはつねに、正面に向かい合って、反復作用の前に現《プレ》-前《ザン》している〔前に-ある〕イデア的「対《オブ》-象《ジェ》」〔面前に-投げられたもの〕のイデア性だからというだけではない。それはまた、まるで時間性の源でもあるかのように、生き生きした現在をもとにして規定されるような時間性、「源-点」としての今をもとにして規定されるような時間性だけが、イデア性の純粋さを、つまり同じもの《メーム》の無限の反復の開始を保証することができるからでもある。実際、現象学の「諸原理の原理」〔訳註（8）参照〕とは、何を意味しているのだろうか。意味と明証性の源としての、アプリオリの中のアプリオリとしての、直観への根源的現前性の価値とは、何を意味しているのだろうか。何よりもまずそれは、あらゆる経験(Erlebnis) の普遍的形式は、したがってあらゆる生の普遍的形式はこれまでつねに現在であったし、これからもつねに現在であるだろうという、それ自身イデア的で絶対的な確信を意味している。現在〔＝現前〕するものしか存在せず、これからも決して存在することはないだろう。存在《エートル》は、現前性あるいは現前性の変様である。存在とイデア性の究極的形式としての、現在の現前性にかかわることは、私がそれによって経験的現実存在《エグジスタンス》、事実性、偶然性、内世界《ムンダーン》性等々を踏み越える運動である。そしてそれは、何よりもまず私の経験的現実存在等々を踏み越える運動である。現前性を超越論的生の普遍的形式だと考えることは、私が不在のときに、私の経験的現実存在を超えて、私が生まれる前に、また私の死後に、現在が存在するという知を受け入れることなのである。私は、あらゆる経験的内容を空無にすることができるし、ありとあらゆる経験の内容の絶対的転覆を、世界の根底的変形を想像することができるのだが、現前性の普遍的形式については、それが明確に規定されたどんな存在者《エタン》にもかかわっておらず、今後もその存在者によって触発されることがないのだから、ある奇妙で特異な確信を、私は持つのである。だから現前性、イデア性、絶対的反復可能性としての、こうした存在規定の中で隠されているものは、私の死への（私の消滅一般への）関係である。記号の可能性は、この死への関係である。形而上学における記号の規定と消去は、それにもかかわらず意味作用〔記号作用〕を産み出していたこの死への関係の隠蔽なのである。

現前性一般への関係が確立されうるために、私の消滅一般の可能性がなんらかのし方で体験されなければならないのだとすれば、もはや、私の絶対的消滅の（私の死の）可能性の経験が到来して私を触発し、私は存在するのあとからやって来て、主体を変様させるのだと言うことはできない。私は存在するは、私は現前しているとしてしか体験されないのだから、それはそれ自身のうちに現前性一般への関係、〈現前性としての存在〉への関係を前提としている。だから、私は存在するの中で、私が自分自身に立ち現われること〔＝現出〕は、根源的に私自身の消滅可能性へとかかわることなのである。したがって、私は存在するは、根源的に、私は死すべきものだということを意味している。私は不死であるというのは、不可能な命題である。(*23) だから、もっと先まで進めることができる。言い方として「私は存在する者である」というのは、死すべき者の告白である。私は存在するということから思惟スルモノ〔res cogitans〕(91) としての（したがって不死性としての）私の存在の規定へと押し進めていく運動は、現前性とイデア性の根源が、その根源によって可能にされる現前性とイデア性の中に身を隠す運動なのである。

そのことによって記号の消去（あるいは逸脱）は、想像作用の還元と一体となった。伝統に照らして、フッサールの立場は、ここでは曖昧なものである。おそらくフッサールは、想像作用の問題体系《プロブレマティック》を根底から革新したのだろう。そして、彼が現象学的方法の中で虚構《フィクション》に割り当てている役割によって、想像作用《イマジナシオン》は、彼の見るところ、たんに数ある能力のうちの一つではないということが、充分にうかがえるのである。しかしながら、像《イマージュ》に関する現象学的記述の新しさと厳密さを無視することなしに、そこに認められる遺産についても充分に気づかなければならない。想起《スヴニール》とは違って、像は「中立化する」非「定立的《ポジショネル》」(92)再－現前化であるということ、そしてフッサールがそれをたえず強調しているということ、さらにこうした性格が像に対して「現象学的な」実践におけるある種の特権を与えているということ、そうしたことによっても、像が想起と一緒に分類されている一般的概念、すなわち「再－現前化」〔Vergegenwärtigung〔準現在化〕〕が再検討されることはないのである。「再－現前化」とは、たとえその産物がまったく虚構的なものだとしても、現前性の再生〔Reproduktion〕なのである。したがって想像作用は、たとえそれが中立化するものだとしても、端的な「中立性変様」〔訳註(39)

参照〕ではないということになる（「中立性変様と想像作用とのきわめて安易な混同に用心しなければならない」『イデーンI』第三篇〔第一一一節〕、P・リクール訳）。想像作用の中立化する働きは、定立的な再‐現前化（Vergegenwärtigung〔準現在化〕）を、つまり想起の再‐現前化を変様させるのである（「もっと正確に言えば、想像作用一般は、「定立的」準現在化（Vergegenwärtigung）に、したがって考えられうる最も広義の想起に施される中立性変様である」同前〔第一一一節〕）。それゆえに、像が現象学的中立化の格好の補助用具であるとしても、像は、純然たる中立化ではないのである。像は、みずからのうちに根源的現前化への、つまり知覚と存在定立への、さらに信念[93]一般への原初的準拠＝関係《レフェランス》[94]を保持しているのである。

そういうわけで、中立化によってそこに到達する道が開かれる純粋なイデア性は、虚構的《フィクティフ》なものではないのである。このテーマは、非常に早く現われており、[＊24]ヒュームに対する論争をたえず育むことになる。しかし、ヒュームの思想がしだいにフッサールを魅了したとしても、それは単なる偶然ではない。イデア性を切り開く純然たる反復の力と、経験的知覚の想像《イマジナティフ》による再生を解放する力とは、互いに無関係ではありえない。その産物もまた同様である。

それゆえ一度ならず、『論理学研究』〔『認識の現象学と認識論のための諸研究』〕の第一部〔「表現と意味」〕は、依然としてこの点で大いに面くらわせるものである。

一、まず最初に、表現的現象がその表現的純粋さにおいて考察されるのは、想像の表象（Phantasievorstellungen）としてである。

二、こうしてこの虚構によって解き放たれる内部性の領域において、ある主体が場合によっては自分に向かって言うこともありうる伝達的言述《ディスクール》（「おまえはひどい振る舞いをした」）は虚構的だと呼ばれているが、そのことから、非‐伝達的な、純粋に表現的なある種の言述は、「孤独な心的生活」の中で実際に行なわれるものだと考えられる。

三、まさしくそのことによって、同じ語、同じ表現的核が働いており、それゆえ純然たるイデア性が必要不可欠であるような伝達作用においては、虚構的なものと実際的なものとのあいだで厳密な区別がなされ、ついでイデア的なものと実在的《ル・レアール》なものとのあいだで厳密な区別がなされうるのだと推測される。それゆえまた実際性《エフェクティヴィテ》は、心に身体がつけ加えられるように、表現に経験的で外的な衣服のようにつけ加えられるのだと推測される。そしてフッサールは、志向的生気づけにおける心と身体の統一を強調するときでさえ、まさしくそうした概念を使っているのである。この統一は、本質的な区別を損なうことなく、依然としてつねに合成的統一なのである。

四、純然たる内的「表象性」の内部で、「孤独な心的生活」において、いくつかのタイプの言述は、実際に表象＝代理的なものとして、実際に保持されうるが（それが表現的な言語の、はっきりと言ってしまえば純粋に客観的で、理論＝論理的《テオリテイコ・ロジック》な（訳註（35）参照）言語の場合だろう）、他方で他のいくつかのタイプの言述は、純粋に虚構的なものにとどまるのである（虚構の中に位置づけられるこうした虚構が、自己と自己のあいだ、他者としての自己と自己としての自己のあいだ等々の指標的伝達作用だろう）。ところで、すでにわれわれが明らかにしようと試みたように、あらゆる記号一般が根源的に反復的な構造を持っていることを認めるならば、記号というものの虚構的な使用と実際的な使用のあいだの一般的区別は脅かされるだろう。記号は、根源的に虚構によって働きかけられているのだ。したがって、指標的な伝達作用に関してであれ、表現に関してであれ、外的言語と内的言語とを区別するための、また仮に内的言語という仮説が認められた場合、実際的な言語と虚構的な言語とを区別するための、どんな確実な判断基準もないのである。しかしながらフッサールにとって、そのような区別は、その統御のもとにあるすべてのものとともに、表現に対する指標作用の外在性を証明するために必要不可欠のものなのである。この区別が不当なものだと宣告するならば、その一連の帰結全体が、現象学にとって恐るべきものになるだろうと予測されるのである。

　われわれがたった今記号について言ったことは、同時に、語る主体の作用にも当てはまる。だからフッサールは、「しかしその場合、人は本来の意味では、つまり伝達という意味では語っておらず、自分自身に対して何も伝達せず、語り、伝達する者として自分自身を思い描く〔表象する〕だけだ（man stellt sich vor）」と言っていたのである。そのことによってわれわれは、予告された第二の論拠に導かれる。それゆえフッサールは、自己の表象が、場合によって、しかも外側からやって来て伝達の作用につけ加わるにすぎないものだというような区別を、実際の伝達作用と語る主体としての自己の表象とのあいだに想定しなければならないのである。ところで、われわれが先ほど記号に関して言及した根源的な反復構造は、意味作用という作用全体を統御しているはずである。主体は、その表象を自分に与えることなしに語ることはできないのであって、その表象は偶有的《アクシダン》なものではないのだ。だから、実際の言述《ディスクール》のない言述の表象《ルプレザンタシオン》を想像することができないのと同様に、自己の表象のない実際の言述というものを想像することはできない。おそらくこの表象＝代理性《ルプレザンタティヴィテ》は、独特のやり方で自分を変様させ、複雑化し、反映するのであって、いずれその独特のやり方を言語学者、記号学者、心理学者、文学理論家や芸術理論家、そして哲学者でさえも研究することができるようになるだろう。それは、非常に独特のものであるかもしれない。しかしそれはすべて、言述と言述の表象との根源的統一を前提としているのである。言述は自分を表象《ルプレザンテ》=代理するのであり、その表象《ルプレザンタシオン》=代理であるのだ。それどころか、言述は自己の表象=代理そのものであるのだ(*25)。

さらに一般的には、フッサールは、実際の経験の最中《さなか》にあるような主体と、主体が自分が生きているのを思い描く〔表象する〕ものとのあいだには、単純な外在性があるということを認めているように思われる。主体は、何かを自分に語りかけ、自分に伝達していると思っているわけだが、実は、そんなことはまったくないのである。そのとき意識は、〈自分に-語りかけている〉という確信あるいは錯覚ですっかり頭がいっぱいになって、まったく間違った意識になっているので、経験の真相は非《ノン》-意識《コンシアンス》の次元に属しているという結論を引き出したくなるかもしれない。しかし、その逆なのだ。意識とは、生きることが、Erleben〔体験〕が、経験が、自己へと現前《プレザンス》することなのである。経験は単純なものであって、本質的に、錯覚によって触発されることは決してないのである。経験は、ある種の絶対的な近《プロクシミテ》さの中にある自己としかかかわらないからである。自分に語りかけているという錯覚は、空虚で周辺的で二次的な意識のように、その経験の表面を漂っているということになる。言語とその表象＝代理は、単純で、端的に自己へと現前する意識に、いずれにせよ沈黙のうちに自分自身の現前性を反省することのできるような体験《ヴェキュ》に、あとからやって来てつけ加わるわけである。のちにフッサールが『イデーンⅠ』の中で言っているように、「それぞれの体験一般は（言うならば、実際に生き生きとしたそれぞれの体験は）、「現前していること《エタン》」という様態での体験である。そのこと自体についての反省の可能性は、その体験の本質に属しているのであり、その反省において、体験は必ず、確実で現前していることとして性格づけられるのである」（第一一一節）。記号は、この自己への現前性と、つまり現前性一般の基盤とは無縁のものとなるだろう。生き生きした現在の〈自己への現前性〉と記号が無縁のものであるからこそ、直観あるいは知覚の名で認めてよいと思われているものの中で、記号は現前性一般とは無縁のものだと言うことができるのである。

というのも――そしてこれが『論理学研究』のこの一節の立論の最後の方策なのだが――独白において、指標的言述《ディスクール》の表象＝代理が間違っているのは、それが無用のものだからである。主体が自分自身に何も指示しないのは、そうすることができないからであり、そうする必要がないという理由でそうすることができないからである。体験は、確実性と絶対的必然性という様態で即座に〔＝媒介なしに〕自己へと現前するのだから、指標の委託あるいは表象＝代理によって自己から自己へと表明＝告知することは余計なことであり、それゆえ不可能である。それは、raison〔理由、理性、道理、論拠等々〕というフランス語のすべての意味で、理由のない〔sans raison〕ものである。したがって原因のない《サン・コーズ》ものである。原因がないのは目的がない《サン・ファン》からであり、フッサールは、zwecklos〔無目的〕だと言っている。

内的伝達作用のこの Zwecklosigkeit〔無目的性〕は、自己への現前性〔自己へと現前すること〕としての現前性の同一性《イダンテイテ》における、非《ノン》－他性《アルテリテ》、非－差異である。もちろんこの現前性という概念は、存在者が自己自身への絶対的な近さの中に立ち現われる〔＝現出する〕という謎を含んでいるだけではなくて、この近さの時間的本質をも示しているのであるが、それで謎が霧散するわけではない。体験が自己へと現前すること《プレザンス》は、今としての現在《プレザン》において生じなければならないのである。フッサールが言っているのは、まさしくそのことだ。つまり「心的作用」が「Kundgabe〔表明＝告知作用〕」を介して自分自身を告げ知らせず、また指標を介して自分自身について知らされる必要がないのは、その作用が「われわれによって同じ瞬間に体験される」(im selben Augenblick) からである。自己への現前性の現在は、瞬きと同様に分割不可能なものなのである。

原註

＊20 この点に関しては、仏訳『論理学研究』（第二巻第一分冊）巻末の「重要語註」および仏訳『講義録』〔『内的時間意識の現象学』〕の訳註（二六頁）参照。

＊21 この点に関しては、『幾何学の起源』およびその仏訳書の〔デリダによる〕「序説」の六〇〜六九頁〔第V章後半〕参照。

＊22 現象学の全体によって含意されている主張は、〈イデア的なもの〉の、非-実在性、非-現実存在としての〈存在〉(Sein) の主張である。こうした先行決定《プレデテルミナシオン》は、現象学の初歩である。イデア性は、実在しないにもかかわらず、まったく非《ノン》-存在《エートル》ではない。「イデア的なものの存在 (das Sein des Idealen) を、実在的なものの可能的

存在として（in ein mögliches Sein von Realem）解釈し直そうとするあらゆる試みは、可能性自身もまたイデア的対象である以上、一般的に挫折せざるをえないものであるということは明らかである。実在的な世界の中には、数一般や三角形一般が見出されないのと同様に、可能性もまた見出されない」（『論理学研究』第二部第一章第四節）。「もちろんイデア的なものの存在を、虚構的なものあるいは不条理なもの（Widersinnigen）の〈思考された-存在〉と同列に置くつもりは、われわれにはない」（同前、第二部第二章第八節）。

＊23　「純粋論理文法」と『形式論理学と超越論的論理学』による区別（訳註（2）参照）を用いて、この不可能性を次のように特定化しなければならない。すなわち、たしかにこの命題はある意味を持ち、理解可能な言述《ディスクール》を構成しており、sinnlos（無意味）ではないけれども、その理解可能性の内部では、またわれわれが先ほど示した理由によって、この命題は「不条理」（矛盾による不条理性——Widersinnigkeit（不条理性））であり、マシテヤ「偽り」なのである。しかし、こうした区別を導いている古典的な真理の観念は、それ自身、すでに述べたような死への関係を覆い隠すことから生じているので、この「偽《ぎ》」は真理の真理そのものである。だから別のものを通して、まったく別の「カテゴリー」（そのような思考をなおそう呼ぶことができると

すれば）を通して、こうした運動を解釈しなければならないだろう。

＊24　とりわけ『論理学研究』の第二研究〔第二部「スペチエスのイデア的単一性と近代の抽象理論」〕第二章を参照。

訳註：「虚構的なものや不合理なものも――しばしばわれわれはこう言うのであるが――われわれによって思考されたものではなかろうか？　勿論イデア的なものの存在を虚構的なものや矛盾的なものの被思考的存在と同列に置くことが、われわれの意図ではない。後者は全く実在しない。本来的な意味でそれについて定言的に言表することは不可能である。〔……〕実は、《対象をもたぬ諸表象》の間にはただ或る種の法則的に有効な諸関連が存立するのみであり、そしてこの諸関連は、対象的表象に関する真理とそれら諸関連との類比によって、〈本当は実在せず単に表象されただけの諸対象〉についてのそのような言い方を正しい言い方のように思わせているのである。これに反してイデア的諸対象は真に実在している。このような諸対象（たとえば二という数一般、赤という性質一般、矛盾律一般等）について語り、それらを述語を伴うものとして表象することは、明らかに単に十分な意味をもつばかりでなく、われわれはまたそのようなイデア的諸対象に関する或る種の定言的真理をも洞察的に把握するのである。これらの真理が妥当するならば、それらの妥当

性が客観的に前提するすべてのものが存在しなければならない」（『論理学研究2』立松弘孝・松井良和・赤松宏訳、みすず書房、一三八～一三九頁）。

*25　しかし、この表象＝代理《ルプレザンタシオン》すなわち再－現前化（re-présentation）の再（re-）が、単純な現前《プレザンタシオン》性にあとから加えられた——反復的あるいは反射的な——単なる重複（表象＝代理という語がこれまでつねに意味して〔言おうとして〕きたもの）を言い表わしているのでないとすれば、われわれがここで現前性と表象＝代理〔再現前化〕のあいだの関係についてアプローチしたり押し進めているものは、他のいくつかの名前を受け入れなければならないだろう。われわれが根源的な表象＝代理として記述しているものは、ただわれわれがここで踏み越えようとしている囲い《クロチュール》〔閉域〕の中でしか、しかも仮そめにその名称で示されることしかできないのである。われわれはその囲いの中で、相矛盾したあるいは支持しがたい命題を提示し、それを明示し、その囲いの中に不安定な状態を確実に生じさせようとして、その外《ドウオール》に対してそれを切り開くのであるが、そうしたことは、ある内部《ドウダン》からしかそうすることができないのである。

第五章　記号と瞬《まばた》き

だから瞬間《アンスタン》の先端が、つまり同じ瞬間に自己へと現前する体験の同一性《イダンテイテ》が、この論証の全責務を担っているのである。自己への現前性《プレザンス》は、記号に委任して自分に知らせる必要をまったくなくするためには、ある時間的な現在《プレザン》の分割不可能な統一性の中で生じなければならない。現前性におけるそのような自己による自己の知覚あるいは直観は、「意味作用〔記号作用〕」一般がそこでは起こることができないような審級《アンスタンス》〔訳註（25）参照〕であるばかりか、それはまた根源的知覚あるいは根源的直観一般の可能性を、つまり「諸原理の原理」としての非‐意味作用〔非‐記号作用〕を保証するものなのである。そしてのちにフッサールは、根源的直観の意味を際立たせたいと思うたびに、それが記号の不在と無用性の経験であることを思い起こさせることになる。（*26）

われわれの関心を引きつけている論証は、内的時間意識に関する『講義』〔一九〇四

〜〇五年〕よりも前の時期に、突発的に行なわれている。歴史的理由と同様に体系的な理由で、体験の時間性は、『論理学研究』のテーマではない。それでもなお、われわれがこの地点にまで到達したからには、「今」のある種の概念が、つまり瞬間の点性《ポンクチュアリテ》としての現在のある種の概念が、「本質的区別」の全体系《システム》をひそかに、しかし決定的な仕方で可能にしているということを確認しないわけにはいかないのだ。瞬間の点性が一つの神話であるか、空間的あるいは力学的隠喩であるか、伝承された形而上学的概念であるか、あるいは同時にそのすべてであるとしたら、また自己への現前性の現在が単純なものではないとしたら、そしてそれが根源的で還元不可能な綜合の中で構成されるのだとしたら、その場合にはフッサールの立論全体が、その原理において脅かされることになるだろう。

ハイデガーは『存在と時間』の中で、『講義』の分析は、哲学の歴史において、アリストテレスの『自然学』を継承する、「今」「点」「限界」「循環」という概念に基づいて規定される時間概念と決別した最初のものだと言っているが、われわれはここで、その見事な分析を仔細に検討することはできない。しかしながら、ここでのわれわれの観点から、いくつかの指針をそこから取り上げてみよう。

一、点性という概念、stigmè〔点〕としての今という概念は、それが形而上学的前提であろうとなかろうと、依然としてそこで重大な役割を果たしている。おそらくどんな今も、瞬間として、また純粋な点として孤立させることはできないだろう。フッサールがそれを認めているばかりか〔「……体験は延長されなければならず、孤立した点的な位相などというものは決して存在しえないということは、体験の本質に属している」〔『講義』第一九節〕〕、彼の記述全体が、比類のない柔軟さと繊細さで、この還元不可能な延長《エタルマン》の独特の変様に即しているのである。それにもかかわらずこの延長は、相変わらず点としての今の自己同一性《イダンテイテ・ア・ソワ》(95)に基づいて思考され、記述されている。「源-点」としての今の自己同一性に基づいて。根源的現前性の、一般的には「始まり」の観念、「絶対的始まり《コマンスマン》＝第一原理」、principium〔原理〕(*27)は、現象学においては、つねにこの「源-点」へと参照指示《ランヴォワ》するのである。時間が流れること〔＝経過〕は「独力で存在しうる諸断片に分割されることも、また独力で存在しうる諸位相に、つまり連続性の諸点に分割されることもできない」のではあるが、「内在的な時間的対象〔＝時間客観〕の流れる様態〔＝経過様態〕は、一つの始まり《コマンスマン》を、言わば一つの源-点を持つ。それが、内在的対象が存在しはじめる流れの様態である。この流れの様態は、現在として性格づけられる」〔第一〇節〕。時間性は、その構造のあらゆる複雑さにもかかわらず、一つの動かしがたい中心、一つの目あるいは生きた核を持っており、それが顕在的な《アクチュエル》〔＝現実態の〕〔訳註（27）参照〕今の点性なのである。「〈今‐の‐統握〉[96]は、過去把持という彗星の尾に対する核のようなものであり」〔第一一節〕、「今現前しているのは、そのたびに一つの点的な位相だけであって、他の位相は、過去把持の尾としてそこにへばりついているのである」〔第一六節〕。「顕在的な今は、必然的にそして依然として何か点的なもの（ein Punktuelles）であり、つねに新しい質料のためにとどまっている一つの形相である」（『イデーンI』第八一節）。

　われわれが出発点とした「im selben Augenblick〔同じ瞬間に〕」においてフッサールが依拠しているのは、顕在的な今のこうした自己自身との同一性である。そして哲学の内部では、今＝現在のこの特権に対して、どんな異論も不可能である。この特権は哲学的思考のエレメント〔訳註（30）参照〕そのものを規定しており、明証性そのもの、意識的思考そのものであって、真理と意味についてのありとあらゆる概念を統御しているのである。この特権を疑うならば必ずや、言述からありとあらゆる安全性とありとあらゆる基づけ〔訳註（21）参照〕とを奪い取る哲学の他所《アユール》とも言うべき地点から、意識そのものの核を抜き取る作業に手を染めることになるのだ。そして結局のところ、哲学——それはつねに現前性の哲学である——と非‐現前性の思考——必ずしも哲学の反対のものでも、否定的な不在性の省察でも、さらには無意識としての非‐現前性の理論でもない——とのあいだで、他に比類がないこうした論争が行なわれるのは、まさしく顕在的な現在の、つまり今の特権をめぐってなのである。

　今の優位性は、形而上学を創設する対立と、つまり現実態と可能態[97]の対立としての形相（あるいはエイドスまたはイデア）と質料の対立と体系をなしているだけではない（「顕在的な今は、必然的にそして依然として何か点的なものである。質料がつねに新しいものであるのに対して、それはいつまでも持続する（Verharrende）一つの形相である」[＊28]）。今の優位性は、現前性のギリシア的形而上学を、自意識としての現前性の「近代的」形而上学に、つまり表象《ルプレザンタシオン》＝代理（Vorstellung）としての理念《イデー》の形而上学に引き継ぐ伝統を保証しているのである。それゆえそれは、決定の真の争点とその奥深い審級に、つまり時間の概念に迫ることのできるようなあらゆる非《ノン》‐意識《コンシアンス》の思考に対して、現象学を対決させる問題提起の場を規定しているのである。内的時間意識に関する『講義』が現在の優位性を確証し、同時に「無意識的内容」が意識=になること《ドゥヴニール・コンシアンス》の「事後性」[98]を、つまりフロイトの全テクストが前提にしている時間性の構造を拒絶しているのは、偶然ではない[*29]。実際フッサールは、次のように書いている。「事後に（nachträglich）意識になるような「無意識的な」内容について語ることは、まったく不条理である。意識（Bewusstsein）とは必然的に、その一つ一つの位相において〈意識で=あること〉（bewusstsein）である。過去把持の位相が、先行する位相をそれを対象にすることなしに意識しているのと同様に、根源的所与は、対象的なものになることなしに――そして「今」という特有の形式のもとに――すでに意識である……」。（……）「無意識的内容の過去把持は、不可能である……」。（……）「一つ一つの「内容」が、それ自体でまた必然として「根源的に意識である」[*30]とすれば、後日にその内容を与えるような意識について問うことは、不条理となるだろう」。

二、意識の「原-形式」（Urform）（『イデーンⅠ』）としての点的な今というこうしたモチーフにもかかわらず、『講義』その他において、記述の内容は、現在の単純な自己同一性について語ることを禁じている。そのことによって、とりわけ形而上学的保証と呼ばれうるものが揺るがされるだけではなくて、もっと局部的には、『論理学研究』における「im selben Augenblick〔同じ瞬間に〕」の論拠もまた動揺するのである。

たしかに『講義』全体は、その批判的作業においても、記述的な作業においても、再 - 現前化（Vergegenwärtigung〔準現在化〕、Repräsentation〔再現前化〕）を現前化的な《プレザンタティヴ》（Gegenwärtigen〔現在の〕、Präsentieren〔現前化する〕）知覚へ、第二次的で再生的な想起〔訳註（94）参照〕を過去把持へ、想像作用を原印象へ、再 - 生された今を顕在的な今へ——知覚されたものであれ把持されたものであれ——等々へと還元することの不可能性を証明し、確証している。ここでこの『講義』の厳密な展開をたどることはできないし、そのために『講義』の論証的価値に疑いの目を向ける必要はないが、それでもなおその明証性の土壌について、そうした区別を生む活動環境について、区別された用語を互いに関連づけ、比較対照の可能性そのものを構成しているものについて、よく考えてみることはできる。

するとただちに気づくことは、知覚された現在の現前性がそのようなものとして立ち現われることができるのは、それがある種の非 - 現前性、ある種の非 - 知覚と、つまり第一次的な想起や予期（過去把持や未来予持）と連続的に折り合いをつけているかぎりでのことだということである。そうした非‐知覚は、顕在的に知覚された今に場合によってつけ加わり、それに伴うのではなくて、必要不可欠なものとしてまた本質的に、その今の可能性に関与しているのである。なるほどフッサールは、過去把持について、それは依然として一つの知覚だと言っている。しかしそれは、知覚されるものが、現在ではなくて現在の変様としての過去であるような知覚という、まったく唯一無二の事例――フッサールがそれ以外の事例を認めたことは一度もない――である。「……あらゆる根源を内蔵する作用、根源的に構成する作用をわれわれが知覚と呼ぶとすれば、第一次想起は知覚である。というのも、われわれは第一次想起においてのみ過去を見るからであり、過去はその中でのみ構成されるからであって、しかもそれは、再‐現前化的なし方ではなくて、反対に現前化的なし方で構成されるからである」(『講義』第一七節)。そういうわけで、過去把持において、見るものを与える現前化は、非‐現在を、非顕在的な過去＝現在を引き渡すのである。だから、それにもかかわらずフッサールが過去把持を知覚と呼ぶのは、フッサールが、根底的な不連続性は過去把持と再生のあいだ、知覚と想像作用のあいだ等々にあるのであって、知覚と過去把持のあいだに根底的な断絶はないと思いたがっているからだと推察されるのである。それが、彼のブレンターノ批判の論証ノ要点《ネルヴス・デモンストランディ》である。「知覚とそれに対立するものとを連続的に仲介することなど、ここではまったく問題にもならない」（同前）ということ、そのことについては、フッサールは絶対に譲ろうとしないのである。

しかしながら、その前の節では、そのことが非常に明白に問題になっていたのではなかろうか。「今度は知覚という用語を、時間的対象（＝時間客観）が与えられる（自分を与える）際に持つ、与えられ方における差異と関連づけるならば、その場合には、知覚の対立物はここに登場する第一次想起と第一次予期（過去把持と未来予持）であり、したがって知覚と非‐知覚が互いの中に連続的に移行し合っているのである」（第一六節）。さらに先では、「イデア的な意味で、知覚（印象）は純然たる今を構成する意識の位相であり、想起はまったく別の連続性の位相だということになるだろう。しかしそれは、まさしくイデア的な境界にすぎず、それ自体では何ものでもありえない抽象的なものでしかない。それでもなお、このイデア的な今でさえも非‐今と全面的ニ異なったものではなくて、反対にその非‐今と連続的に交流していることに変わりはないのである。そしてそのことに対応しているのが、知覚から第一次想起への連続的移行である」（同前）と言われているのだ。

原印象と過去把持とに共通の根源地帯における、今と非 - 今の、知覚と非 - 知覚のそうした連続性を認める以上、Augenblick〔瞬間〕の自己同一性の中に他者《オートル》を、つまり瞬間の瞬きの中に非 - 現前性と非明証性を迎え入れることになる。瞬《まばた》きの一瞬の持続がある。そして、それによって目が閉じられるのである。その他性《アルテリテ》は、あらゆる分離がそこに生じるのに先立つ、現前性の、現前化の、したがってVorstellung〔表象〕一般の条件ですらある。過去把持と再生のあいだの、つまり第一次想起と第二次想起のあいだの差異は、フッサールが根底的なものであることを願っているような、知覚と非 - 知覚のあいだの差異ではなくて、非 - 知覚の二つの変様《モディフイカシオン》のあいだの差異なのである。この二つの変様のあいだの現象学的な差異がどうであろうと、またその差異が途方もない問題を提起し、それを考慮する必要に迫られるにしても、その差異は、ある別の今が還元不可能な非 - 現前性へとかかわる二つの関わり方を区別しているだけなのである。非 - 現前性とのこうした関係は、もう一度念を押して言えば、原印象の現前性の不意を襲い、取り囲み、さらにはそれを包み隠しにやって来るのではなくて、その出現とつねによみがえる純真無垢性とを可能にしているのである。しかしそれは、単一性における自己同一性のあらゆる可能性を、根底から打ち砕いてしまう。そしてそのことは、自分自身をその最深部において構成する流れ《フリュックス》にも当てはまるのである。「さて今度は、この構成された統一体と構成する現象とを比較してみると、われわれはある流れを見出すのであって、その流れの一つ一つの位相は、一連の射映連続である[99]。しかし原理として、その流れのどの位相を押し広げても、一つの連続的継起になることはできないし、したがってその流れを頭の中で変形させて、その位相が延長してそれ自身の自己同一性を持つようになっていると想像することはできない」（第三五節）。非‐現前性と他性がそのように現前性と親密だとすれば、自己への関係において記号は無用だとする論拠は、その根元からぐらつかされることになる。

三、おそらくフッサールは、過去把持の必然性と記号の必然性とを同列に置くことを拒否するだろう。後者だけが、像《イマージュ》と同じように、再‐現前化《ルプレザンタシオン》〔表象＝代理〕と象徴の類《ジャンル》に属しているからである。それにフッサールがこの厳密な区別を断念するならば、必ずや現象学の公理的なprincipium〔自明の原理〕〔原註＊27参照〕を再び問題にしなければならなくなる。フッサールは、根源性という用語を「広い意味で」理解しさえすれば、過去把持と未来予持は根源性の領域に属していると力強く主張しており、第一次想起の絶対的妥当性を第二次想起の相対的妥当性に執拗に対立させているが(*31)、その力強さと執拗さは、彼の目論見と懸念を充分に示している。彼の懸念は、次のような一見して相いれない二つの可能性をともに救わなければならないということに起因している。(a) 生き生きした今は、非-知覚としての過去把持との連続性においてしか、知覚の絶対的源泉として構成されない。経験と「事象そのもの」に対する忠実さが、それ以外のあり方を許さないのである。(b) 確実性一般の源泉は生き生きした今の根源性であるのだから、過去把持を根源的確実性の領域の中に維持しなければならず、根源性と非-根源性の境界を移動させて、境界線が純粋な現在と非-現在のあいだ、ある生き生きした今の顕在性《アクチユアリテ》と非顕在性のあいだを通るのではなくて、現在の回《ル》-帰《トウール》あるいは復《レ》-元《ステイチユシオン》の二つの形式のあいだ、つまり再《レ》-把持《タンシオン》〔過去把持〕と再-現前化〔表象=代理〕のあいだを通るようにしなければならない。

過去把持と再-現前化とを実際に分離させているかもしれない深淵を還元《レデユイール》=無力化することなく、また両者の関係の問題は「生」の歴史〔訳註(43)参照〕の問題、つまり生が意識《ドウヴニール・コンシアン》=になることの問題にほかならないことをみずから隠すことなく、アプリオリにこう言うことができるはずである。この両者に共通の根、最も一般的な形をとった反-復《レペティシオン》の可能性、つまり最も普遍的な意味での痕跡は、今の純然たる顕在性に宿ることになるばかりか、その痕跡が導入する差延《ディフェランス》(100)の運動そのものによって、今の顕在性を構成することにもなる可能性なのだと。そのような痕跡は、「根源的な」という言葉を矛盾せずに、またただちに削除することなく使いつづけることができるならば、現象学的な根源性そのものよりも「根源的な」ものなのである。現前性そのものの形式(Form)のイデア性は、実際、それが無限に自分を反-復することができるということ、その回-帰《ルトウール》が、同じものの回帰として、無限に必然的であり、そのようなものとして現前性の中に書き込まれているということを前提としている。回-帰は、過去把持の有限の運動の中に把持されることになる現在の回帰だということ、この過去把持の有限性に根づいたものとしてしか、現象学的な意味での根源的な真理は存在しないということ、そして無限への関係は、無限に回-帰する可能性として、現前性という形式のイデア性に対して開かれることにおいてしかついに創始されることはできないということを、それは前提としているのである。根源的だと言われる現前性のこの非-自己同一性がないとしたら、反省と再-現前化〔表象=代理〕の可能性があらゆる体験の本質に属していることを、どう説明したらいいのだろうか。その可能性が、まるでイデア的で純粋な自由のように、意識の本質に属していることを、どう説明したらいいのだろうか。フッサールはそのことを、『イデーンI』では特に反省に関して、(＊32)また『講義』ではすでに再-現前化に関して、(＊33)たえず強調している。こうしたすべての方向において、現在の現前性は、回帰の襞=折り返し《プリ》に基づいて、反復の運動に基づいて考えられているのであって、その逆ではない。この襞=折り返しは、現前性の中であるいは自己への現前性の中では還元不可能なものだということ、この痕跡あるいはこの差延《ディフェランス》は、つねに現前性よりも古く、現前性の開始を引き起こすものだということ、このことによって、「im selben Augenblick〔同じ瞬間に〕」という単純な自己同一性について語ることは許されないのではないか。それは、フッサールが意図する「孤独な心的生活」という概念の用法を、したがって指標作用と表現のあいだの厳密な分割を危うくするのではないか。指標作用と、指標作用を考察しようとしてこれまで根拠にしてきたすべての概念〔現実存在《エグジスタンス》、自然、媒介《メディアシオン》、経験性等々〕は、超越論的な時間化の運動の中に、ある種の根絶しがたい根源を持っているのではないか。同時に「孤独な心的生活」へのこうした還元（そのすべての段階における超越論的還元、そして特に「固有のもの」――Eigenheit〔固有性〕――のモナド論的領域への還元等々）において到来すると思われるすべてのものは、時間と名づけられるものによって、いわばその可能性の中に亀裂を入れられているようなものなのではないか。時間と名づけられるもの、それには別の名前を与えなければならないだろう。これまでつねに「時間」は、現在に基づいて思考される運動を指してきたので、別のことを言い表わすことができないからである。純粋な孤独の——そして現象学的な意味でのモナド〔訳註（36）参照〕の——概念は、それ自身の根源によって、その自己への現前性の条件そのものによって、つまり自己‐触発[101]における差延《ディフェランス》に基づいて考え直された「時間」によってぐらつかされるのではないか。im selben Augenblick〔同じ瞬間に〕の「同じもの《メーム》」における、同一性と非‐同一性の同一性に基づいて考え直された「時間」によってぐらつかされるのではないか。フッサール自身、自我《エゴ》という絶対的なモナドの内部で構成されるような他我への関係と、生き生きした現在の絶対的な顕在性の中で構成されるような他の現在（過去）への関係との類似性に言及していた（『デカルト的省察』第五二節）。この「弁証法」[102]——この語の持つすべての意味で、またこの概念があらゆる思弁的奪回にさらされる前に——は、生きることを差延《ディフェランス》へと開放して、体験の純粋な内在性の中に、指標的伝達作用というずれ＝隔たりを、さらには意味作用《シニフィカシオン》〔記号作用〕一般というずれ＝隔たりをも作り出すのではないか。われわれはまさに指標的伝達作用の、そして意味作用一般のずれ＝隔たり《エカール》と言っているのである。というのもフッサールは、「孤独な心的生活」から指標作用を除外することだけを望んでいるのではないからである。のちに彼は、表現的な形式そのものとしての言語一般を、つまりロゴスの構成元素《エレメント》を二次的な出来事だと、そして意味の根源的で前＝表現的な層にあとからつけ加えられた出来事だと見なすことになる。その場合、表現的言語そのものは、〈自己への関係〉の絶対的沈黙のあとから到来することになるわけである。

原註

＊26 たとえば〔『論理学研究』の〕第六研究全体は、一方に直観の作用と直観的内容が、他方に記号の作用〔＝表意作用〕と記号的内容〔＝表意的内容〕があって、そのあいだの現象学的差異は「還元不可能」であることを、たえず論証している。とりわけ第二六節を参照〔訳註〕。それでもなお、そこでは「混合作用」の可能性が認めら

れており、それが少なからぬ問題を提起することになるだろう。『内的時間意識の現象学のための講義』は、その全体が直観的現前化と「象徴的な表象《ルプレザンタシオン》＝代理（再現前化）」のあいだの根底的不連続性に基づいているが、「その象徴的な表象＝代理は、対象を空虚に表象《ルプレザンテ》＝代理しているばかりではなくて、対象を記号や像《イマージュ》を「介して」表象＝代理しているのである」（附論II「現前化と想像《ファンタジー》――印象と想像《イマジナチオン》」）。『イデーンI』においても、「一方には知覚が、他方には像あるいは記号による象徴的な表象＝代理があって、そのあいだには乗り越えられない形相的《エイデティック》差異がある」（「……人々が普通そうしているように、その構造が本質的に異なっているそうした表象＝代理の諸様態等々をごちゃ混ぜにするときには、不条理に陥る」第四三節）ということが読み取られる。そしてフッサールは、可感的な生身のありありとした《コルポレル》（＝有体的）事物の知覚について彼が言っていることを、知覚一般についても考えていた。つまり現前性においてそれ自身として知覚に与えられる事物は、「自分自身に対する記号」（『イデーンI』第五二節）なのである。自己の記号《シグナ》（index sui）であること、あるいは記号ではないこと、それは同じことではないだろうか。まさしくこの意味で、体験《ヴェキュ》が知覚される「同じ瞬間において」、体験は自己の記号であり、指標的な回り道をせずに自己へと現前するのである。

訳註：『論理学研究4』（立松弘孝訳、みすず書房）の第六部第三章第二六節を参照。「同じ質料という意味での同じ内容が、ある場合には直観的代表〔Repräsentant〕として統握され、ある場合には表意的代表として統握されうるのは、いったい何によってであるかとか、統握形式の相違は何に由来するのかという疑問が出されたとしても、私にはもはやこれ以上答えることはできない。おそらくこの相違は現象学的にもはや還元不可能である」（一一三頁）。

＊27　たぶんここで、「諸原理の原理」の定義を読み返しておいたほうがいいかもしれない。「不条理な諸理論とはきっぱりと手を切ろう。諸原理の原理に関しては、考えられるかぎりのどんな理論もわれわれを誤らせることはできない。すなわち、根源的に与える働きをするあらゆる直観〔根源的・能与的直観〕は、認識に対する権利の源泉である。「直観」において、根源的なし方で（いわばその生身のありありとした現実性において）われわれに与えられるすべてのものは、それが自分を与えるがままに、しかしまたそれが自分を与える際の諸限界を越えることなく、端的に受け取られなければならない。そして理論の方は、根源的な所与からしかその真理を引き出すことができないということが、充分に理解されなければならない。だから端的な説明を通じて、またその所与とぴったりと合った意味作用を通じて、そうした所与に表現を付与

するあらゆる言表《エノンセ》は、現に、われわれがすでにこの章〔第二章「自然主義的誤解」〕の導入部の一節で述べておいたように、基本原理の役目を果たすことを見込まれた本来の意味での絶対的始まり＝第一原理であり、要するにprincipium〔原理〕である」（『イデーンI』第二四節）。

＊28『イデーンI』第八一節、仏訳による。

＊29 このテーマに関しては、われわれの試論「フロイトとエクリチュールの舞台」（『エクリチュールと差異』所収）を参照。

＊30『フッサール全集第十巻』「附論IX」（われわれが本書の以前の諸版で軽率に引用した仏訳では、不注意による間違いによって、「Urbewusst〔根源的意識〕」が「無意識（Unbewusst）」と訳されていた）。

＊31 たとえば、他の多くの類似のテクストの中から、『講義』〔『内的時間意識の現象学』〕の「附論III」を参照。「だからわれわれは、時間意識の本質的様態として次の三つのものを持っているのである。（1）現前化としての「感覚」、そして本質的にそれとからみ合って（verflochtene）はいるが、また独立したものにもなることのできる過去把持と未来予持（広い意味での根源的領域）。（2）定立的な再‐現前化（想起）、付帯するあるいは再帰するかもしれないものの定立的な再‐現前化（予期）。（3）純

然たる想像作用としての想像的な再‐現前化〔表象＝代理〕、そこではそうした同じすべての様態が、想像する意識の中に見出される」〔附論Ⅲ「知覚と記憶の関連志向――時間意識の諸様態」〕。すでにお気づきのことと思うが、ここでもまた問題の核心＝結び目は何本かの糸のからみ合い（Verflechtung）の形をしており、現象学は、それをその糸の本質に応じて綿密に解きほどくのである。

根源性の領域のこうした外延は、過去把持に付与される絶対的確実性と、再‐現前化の形式における第二次想起あるいは再想起（Wiedererinnerung）に依存する相対的確実性とを区別することを可能にするものである。原‐体験（Urerlebnisse）としての知覚について、フッサールは『イデーンI』の中で、こう書いている。「たしかに正確に考察すれば、知覚は、その具体的充実においては、絶対的に根源的なただ一つの位相しか持っていないのであるが、その位相もまた絶えず連続的に流れ去るのである。つまりそれは、生き生きした今の契機なのである……」。「そういうわけで、われわれはたとえば、内在的な知覚としての反省の、つまり純粋で単純な内在的知覚の絶対的妥当性〔＝権利〕を把握する。この妥当性はもちろん、そうした知覚の流れの中で、知覚によって実的に《レエールマン》〔訳註（29）参照〕根源的な所与だと見なされる構成元素《エレメント》によって決まるのである。われわれは同様に、過去把持のおかげで、「まだ」生き生きしていて、「たった今」実在したばかりだという性格を帯びて意識に到達するものに対して、内在的過去把持の絶対的妥当性を把握する。なるほどこの妥当性は、そのように性格づけられたものの内容そのものの及ぶ範囲を越えて存続することはないのであるが……。同様にまたわれわれは、内在的再想起の相対的妥当性を把握する……」(第七八節)。

＊32　とりわけ第七七節において。そこではたとえば第二次想起における、反省と再-現前化のあいだの差異とその関係について、問題が提起されている。

＊33　たとえば第四二節参照。「しかし現在の、そして現前するあらゆる意識には、それに正確に対応するような、この〈意識の再-現前化〉のイデア的可能性が対応している」。

第六章　沈黙を守る声

だから現象学的な「沈黙」は、二重の除外あるいは二重の還元によってしか再構成されることができない。つまり私の内での、指標的な伝達作用における他者への関係の除外と、意味の層よりもあとの、その層の上にある、その層の外部にある層としての表現の除外である。まさしくこの二つの除外の関連の中で、声の審級《アンスタンス》〔訳註（25）参照〕が、その奇妙な権威を聞こえさせることになるだろう。

最初に第一の還元を、本書の方針としてわれわれがこれまでこだわりつづけてきた、例の「本質的区別」の中で告げられているような形で考察してみよう。充分に認めておかなければならないのは、表現と指標作用とを区別する判断基準が、結局のところ「内的な生」というひどく簡単な記述に託されているということである。この内的な生においては、伝達作用《コミュニカシオン》が存在しないのだから、指標作用《アンディカシオン》は存在しないだろう。伝達作用が存在しないのは、他我《アルター・エゴ》が存在しないからである。そして内的な言語の中に第二人称が出現するときには、それは一つの虚構《フイクシオン》であって、虚構はあくまでも虚構にすぎないのだ。「おまえはひどい振る舞いをした、もうそんなふうに振る舞いつづけることはできない」〔第一章第八節〕。これこそはまさに偽りの伝達作用、一種のふり《フエイント》にすぎない。

このようなふり《フエイント》あるいは虚構の可能性とその地位規定《スタチュ》について、またこの「おまえ《チュ》」がどこから独白の中に出現するのかということについて課される問いを、外から立てることはしないようにしよう。そうした問いは、まだ提起しないでおこう。いずれその問いの必要性はさらにいっそう強いものになるだろうし、そのときフッサールは、おまえに加えて人称代名詞一般が、そしてとりわけ〈私〉が、「客観的な意味」を欠いた「本質的に偶因的な」(103)表現であって、実際の言述《ディスクール》においてはつねに指標として機能しているということを、充分に確認しなければならないだろう。ただ〈私〉だけは、孤独な言述〔独り言〕の中でその意《ヴロワール》－味《ディール》を成就し、それ以外のところでは「普遍的に有効な指標」のように機能するのである〔第三章〕。

今のところは、どんな意味でまた何のためにここで内的な生の構造が「単純化」されるのか、また実例の選択がどんな点でフッサールの企図を明かしているのかと、みずからに問いかけるにとどめよう。その選択は、少なくとも二つの特徴によってフッサールの企図を明かしているのである。

一、そうした実例は、実践的な次元に属している。選ばれた命題において、主体は、まるで自分が非難し、励まし、決断あるいは悔悛を促す第二人称の相手に語りかけるように、自分自身に語りかけている。おそらくそのことによって、ここでは「指標作用」にかかわっていないということが明らかだろう。直接的であれ間接的であれ、何も示されず、主体は、自分自身について自分には何も知らせず、彼の言葉は「実在する」何ものへの参照も指示しない。主体は自分で自分に通知したりせず、Kundgabe〔表明＝告知作用〕もKundnahme〔表明＝告知の把握〕も行なわない。フッサールには、実践的な領域の中で実例を選んで、そうした実例においては何も「指示され」ないということを示すと同時に、それは間違った言葉《ランガージュ》の使い方だということをも示す必要があるのだ。実際、他の種類の実例を見つけることができないとすれば、こうした実例から、内的な言述はつねに実践的、価値論的あるいは価値制作的《アクシオポイエティック》な本質に属しているという結論を引き出したくなるかもしれない。「おまえはそういう人間だ」と自分に言い聞かせるときですら、そうした述語《プレディカシオン》を付与することは、価値を高めたり産み出したりする作用を包み隠しているのではないか。しかしフッサールが何よりもまず、またなんとしても避けたいと思っているのは、まさにそうした誘惑なのである。フッサールはつねに、言語一般——指標的言語も表現的言語も——の典型《モデル》を、観照スルコト《テオレイン》〔訳註（35）参照〕に基づいて規定してきた。フッサールは、その後、意味と表現の実践的な層の独自性を尊重しようとしてどれほど配慮したにせよ、その際の彼の分析の厳密さと成功がどのようなものであったとしても、価値論的《アクシオロジック》なものをその論理《ロジコ》＝理論的《テオリック》な核へと還元《レデュクティ》＝単純化する可能性《ビリテ》をたえず主張しつづけた。[*34] ここに、彼が言語を論理的、認識論的観点から研究するように、また純粋文法を、多かれ少なかれ直接的に〔無媒介的に〕対象への関係の可能性によって統御された純粋論理文法として研究するように駆り立てた必然性が認められるのである。意《ヴロワール》－味《ディール》あるいは〈Bedeutung〔意－味〕－の－志向〉を、言述《ディスクール》の文法性が許容する場合にのみ、間違った言述が言述になり、矛盾した（widersinnig〔不条理な〕）言述が無《ノン》－意味《サンス》（Unsinnigkeit）[104] を免れるのであって、その場合に〈Bedeutung〔意－味〕－の－志向〉は、それ自身、ある対象の思念《ヴィゼ》〔訳註（44）参照〕としてしか規定されることができないのである。

だから理論的論理性、つまり観照スルコト一般《テオレイン》が、表現の規定、論理的意味作用の規定を統御しているだけではなくて、そこから除外されるものを、つまり指標作用《アンディカシオン》を、Hinweis〔参照指示〕あるいはAnzeigen〔指標的記号作用〕における、Weisen〔指示作用〕あるいはZeigen〔記号作用〕[105]としての指示すること《モンストラシオン》〔訳註(67)参照〕をもすでに統御しているということは注目に値する。さらに注目すべきことは、フッサールが、ある深さにおいて、指標作用の本質的に理論的な核を典拠とするのでなければ、それ自身も純粋に理論的な表現性から指標作用を除外することができないということである。たぶんこの深さにおいて、表現の規定は、それが除外しているように見える当のものによって汚染＝混交されているのだ。Zeigen〔記号作用〕は、つまり指標的な指示作用《モンストラシオン》としての〈対象への関係〉は、目の前にあるものを、あるいはその可視性において直観に対してつねに立ち現われることができなければならないものを指で指し示しつつ、仮に〔一時的に〕見えなくなっているだけなのである。Zeigen〔記号作用〕はつねに、指標作用というAnzeigen〔指標的記号作用〕と表現というHinzeigen〔表現的記号作用〕のあいだの本質的に奥深い統一性を前もって《プレ》‐規定する《デテルミネ》ような思念《ヴィゼ》(Meinen)である。そして記号(Zeichen)は、結局のところ、Zeigen〔記号作用〕、空間、可視性への、また対‐象にされ〔面前に‐投げられ《オブジェクテ》〕、投‐企された〔前に‐投げられた《プロジュテ》〕もののの領野と地平への、そして対面と表面としての、明証性あるいは直観としての、何よりも光としての現象性への参照をつねに指示することになるだろう。

そうすると、声と時間の場合はどうなるのだろうか。指示すること《モンストラシオン》が、記号における身ぶりと知覚の統一であるとすれば、また意味作用《シニフィカシオン》〔記号作用〕が、指と目に割り当てられているとすれば、そしてその割り当てが、指標的記号であれ表現的記号であれ、言述的記号であれ非言述的記号であれ、あらゆる記号に対して命じられているのだとすれば、声と時間の場合はどうなるのだろうか。目に見えないもの《アンヴィジブル》が、実は前に‐見える《プロヴィゾワール》もの[106]だとすれば、声と時間の場合はどうなるのだろうか。そしてなぜフッサールは、執拗に表現から指標を切り離そうとするのだろうか。記号を発音したり聞き取ったりすることは、指標的な空間性や媒介性を還元《レデュイール》＝抹消することなのだろうか。もう少しのあいだ辛抱して待つことにしよう。

二、したがって、フッサールによって選ばれた例（「おまえはひどい振る舞いをした、もうそんなふうに振る舞いつづけることはできない」）は、同時に二つのことを証明しなければならない。つまり、この命題が指標的ではないこと（したがって虚構的な伝達作用であること）と、この命題が主体＝主観《シュジェ》について、主体自身に知らせるべきものを何も提供しないということである。逆説的にも、この命題が指標的でないのは、それが理論的でも、論理的でも、認識にかかわるものでもないというかぎりにおいて、表現的でもないからである。そういうわけでそれは、まったく虚構的な意味作用〔記号作用〕の現象となるだろう。まさしくそのことによって、指標と表現とに回折するよりも前の Zeigen〔記号作用〕の統一性が実証されるのである。ところで、この命題の時間的〔時制的〕様相は、[107] どうでもよいものではない。この命題が認識命題でないのは、それが直接的に述定《プレディカシオン》〔陳述〕[108] の形式の中にないからである。つまりこの命題は、ある〔être〕という動詞を直接的に使っておらず、この命題の意味は、その文法的な形は別にして、現在のものではなくて、非難という形での、悔悛と改心の勧告という形での過去の総括なのである。というのも、ある〔être〕という動詞の直説法現在形が、表現の論理性の純粋で目的論的な形式だからである。それどころか、あるという動詞の第三人称の直説法現在形〔est〕が、もっと言えば「SはPである」という型《タイプ》の命題が、表現の論理性の純粋で目的論的な形式だからである。ただしその命題において、S〔主語〕

は人称代名詞で置き換えられるような人物であってはならない。人称代名詞は、現実のあらゆる言述《ディスクール》において、ただ指標的な価値しか持っていないからである。(＊35) 主語《シュジェ》Sは名辞(109)でなければならず、対象の名辞でなければならない。周知のように、フッサールにとって、「SはPである」は根本的で原初的な形式、根源的に命題論的《アポファンティック》(110)な操作であって、そこから単なる複合《コンプリカシオン》によって、あらゆる論理的命題を派生させることができるものなのである。(＊36) だから、表現と論理的Bedeutung〔意-味〕との同一性を仮定として立てるならば（『イデーンI』第一二四節）、動詞のある〔être〕の直説法現在形の第三「人称」〔est〕が、表現の還元不可能で純粋な核であることを認めなければならない。フッサールが、表現はもともと「自分を表現すること」ではなくて、最初から「何かについて自分の考えを表現すること」(über etwas sich auszern、第七節) だと言っていたことを想起するならば、そのような表現の還元不可能で純粋な核であることを認めなければならないのである。フッサールがここで修復したいと思っている「自分に語る」ことは、「自分-について-自分-に-語る」ということではない。もっともそれが、「SはPであると自分に-言い聞かせる」という形をとることがあるとすれば、話は別だが。

語らなければならないのは〔語ることが必要なのは〕、ここだ。「ある être」という動詞〔ハイデガーの言うところによれば、その動詞の不定形〔原形のこと〕は、不可解なことに、哲学によって、直説法現在形の第三人称に基づいて規定されてきた〕の意味は、語と、つまりフォネー〔声〕と意味との統一《ユニテ》体と、まったく特異な関係を保っている。異なった諸言語にその動詞を翻訳することができるのだから、おそらくそれは「単なる語」ではないのだろう。それはまた、概念的一般性でもない(*37)。その動詞の意味は何も示さず、どんな事物も、どんな存在者《エタン》も存在的規定も示さないので、また語の外のどこでもそれに出会うことはないので、その動詞の還元不可能性は、verbum あるいは legein(III) の還元不可能性であり、ロゴスにおける思考と声との統一体の還元不可能性である。存在《エートル》の特権は、語の脱構築《デコンストリユクシオン》に抗することができない。ある〔être〕は、語の言語活動《ランガージュ》の脱構築に抗する最初の語〔初歩〕あるいは最後の語〔極限〕である。しかし、なぜ口頭の言語《ヴェルバリテ》であることが、現前性としての存在一般の規定と一体となっているのだろうか。そして、なぜ直説法現在形に特権があるのだろうか。フォネー〔声〕の時代が、現前性の形式における存在の時代、つまりイデア性の時代であるのは、なぜだろうか。

聞きとられなければならないのは〔自分を聞くことが必要なのは〕、ここだ。フッサールに戻ろう。フッサールにとって、純粋な表現、論理的な表現は、前‐表現的な意味の層を「反映する」（wiederzuspiegeln）「非生産的な」「媒体」でなければならない。純粋な表現の唯一の生産性は、意味を概念的で普遍的な形式のイデア性の中に移行させることにある。[*38] 表現の中で意味の全体が完全に反復されるわけではなくて、表現には非独立的で不完全な意味作用[112]（共義語《サンカテゴレーム》[113]等々）が含まれているのには、いくつかの本質的な理由があるのにもかかわらず、完全無欠な表現の目的《テロス》は、直観に顕在的《アクチュエルマン》に与えられるような意味の全体性を、現前性の形式において復元することなのである。この意味は対象への関係に基づいて規定されているので、表現という媒体は、視線が自由にできる対象が〈目の前に＝あること〉としての、同時にまた内面性における〈自己への近さ〉としての意味の現前性を保護し、尊重し、復元しなければならない。〈今＝目の前に〉現前している〔présent〕対象の prê〔訳註（54）参照〕は、近さの至‐近〔tout-contre〕という意味と同時に対‐立〔op-posé〕の対〔encontre〕という意味での contre〔近接、対立の意の接頭辞〕（*Gegen*wart〔現在〕、*Gegen*stand〔対象〕）なのである。

ところでここでは、イデア化作用〔＝理念化〕と声のあいだの結託は、不滅のものである。イデア的対象とは、それを指示《モンストラシオン》することが際限なく反復されることができる対象であり、対象がZeigen〔記号作用〕へと現前《プレザンス》することが際限なく反復可能であるのは、まさしくその対象が、あらゆる内世界《ムンダーン》的空間性から開放されているために、少なくとも見かけの上では、世界を経由する必要なしに私が表現することのできる純然たるノエマだからである。この意味で、現象学的な声は、「時間の中で」この操作を遂行するように見えるけれども、Zeigen〔記号作用〕の次元と縁を切っておらず、それと同じ体系に属していて、その機能を完遂しているのである。対象のイデア化作用における無限への移行は、フォネー〔声〕の歴史的〔訳註(43)参照〕到来と一体となっているのだ。それは、われわれがついに、特定の「機能」あるいは「能力」に基づいて、イデア化の運動が何かということを理解することができるという意味ではない。そうした「機能」あるいは「能力」についてならば、経験の習熟や「固有の身体の現象学」や客観的科学〔音声学や音韻学や発声生理学〕のおかげで、それが何であるかがわれわれにはわかるだろうが。まったく反対だ。イデア化作用の歴史、つまり「精神の歴史」あるいは端的に歴史が、フォネー〔声〕の歴史から分離不可能なものだということ、そのことがフォネーに、その謎めいた力のすべてを復元するのである。

声の力が何に存するのか、どんな点で形而上学が、哲学が、そして現前性としての存在規定が、対象＝存在の技術的支配《コントロール》としての声の時代であるのかをよく理解するためには、またテクネー〔技術〕とフォネー〔声〕の統一性をよく理解するためには、対象《オブジェ》の対象性《オブジェクティヴィテ》＝客観性について考えてみなければならない。イデア的対象は、諸対象のうちで最も対象的《オブジェクティフ》＝客観的なものである。イデア的対象は、出来事のイマココデ、対象を思念する経験的主観性の作用のイマココデから独立しているために、同じもの《メーム》でありつづけながら、無限に反復されることができる。イデア的対象が直観に現前すること、それが視線の〈前に＝あること〉は、本質的にどんな内世界的《ムンダーン》あるいは経験的綜合にも依存していないので、現前性の形式におけるこの対象の意味の復元は、普遍的で無制限な可能性となるのである。しかしそれが〈イデア的で＝あること〉は世界の外では何ものでもないので、このイデア的＝存在は、現前性と思念する作用の〈自己への現前性〉とを損なわないような媒体の中で構成され、反復され、表現されなければならない。直観を前にした対象の現前性をも、また自己への現前性、つまり諸作用のそれ自身への絶対的近さをも保存する媒体の中で構成され、反復され、表現されなければならない。対象のイデア性とは、対象が非経験的な意識に〈対して＝あること〉にすぎないのだから、それは、その場の現象性が内世界性《モンダニテ》の形式を持っていないような構成元素《エレメント》〔訳註(30)参照〕の中でしか、表現されることができない。声とは、このエレメントの名前である。声は、自分を聞く〔=聞かれる〕のだ。音声記号〔ソシュールの意味での「音響像《イマージュ》」、現象学的な声〕は、その現在の絶対的な近さの中でそれを発する主体《シュジェ》=主観によって「聞かれる」のである。主体=主観は、その表現活動によって直接的に〔即座に〕触発されるために、自己の外に移行する必要はない。私の話す言葉《パロール》が「生き生きしている」のは、その言葉が私を離れないように思われるからである。私の外に、私の息の外に、目に見える遠ざかりの中にこぼれ落ちてしまわないように思われるから、またたえず私に所属し、いつでも私が自由に使える、「何の付属物も持たない」もののように思われるからである。そういうわけで、いずれにせよ声という現象が、現象学的な声が、自分を与える〔与えられる〕[114]のである。たぶん、この内面性は、あらゆる意味する《シニフィ》もの《アン》の現象学的でイデア的な側面に属しているのだという反論がなされるだろう。たとえば書かれた意味するもの《シニフィアン》のイデア的形式は世界の中にないし、書記素〔訳註(87)参照〕とそれに対応する書記記号〔文字〕の経験的身体《コール》=物体のあいだの区別は、現象学的意識という内部と世界という外部とを分離している。そしてこのことは、可視的なあるいは空間的なあらゆる意味するもの《シニフィアン》にも当てはまる。たしかにそのとおりだ。それでもやはり、あらゆる非音声的な意味するもの《シニフィアン》が、その「現象」のまさしく内部に、それが与えられる経験という現象学的な（非内世界的な《ムンダーン》）領域の中に、空間的な準拠＝関係《レフェランス》を含んでいるということに変わりはない。「外の」、「世界内の」意味が、その現象の本質的な構成要素《コンポザント》となっているのである。声という現象の中には、見たところそのようなものは何もない。現象学的内面性においては、自分を聞く〔聞かれる〕ことと自分を見る〔見られる〕こととは、根本的に異なった二種類の〈自己への関係〉なのである。この差異についての記述の概要が粗描される前でも、われわれには、なぜ「独白」の仮説が、表現とフォネー〔声〕のあいだの本質的な絆《きずな》を前提としなければ指標と表現のあいだの区別を可能にすることができなかったのか、その理由がわかる。音声的なエレメント（現象学的な意味においてであって、内《アントラ》‐世界的《モンデーヌ》な音響という意味においてではない）と表現性、つまりBedeutung〔意‐味〕（それ自身は対象と関連づけられている）のイデア的現前性を目ざして生気づけられた意味するもの《シニフィアン》の論理性とのあいだには、必然的な絆があるのだろう[115]。フッサールは、彼の企て全体を脅威にさらすことなしに、言語素論者が「表現の実質《シュブスタンス》」[116]と呼ぶものを括弧に入れることができない。それゆえこの実質への呼びかけが、重大な哲学的役割を演じているのである。
だから声の現象学的な価値について、他のあらゆる意味するもの《シニフィアン》の実質と比べた声の権威の卓越性について、検討してみることにしよう。この卓越性は見せかけにすぎないと、われわれは考えているのであり、そのことを明らかにしようと試みるつもりである。しかしこの「見せかけ」は、意識とその歴史の本質そのものであって、それは、真理についての哲学的観念が属している、つまり真理と見せかけとの対立——現象学の中でも依然として機能しているような——が属している一時代を規定しているのである。それゆえ形而上学的概念体系の内部では、それを「見せかけ」と呼ぶことも、それを名ざす〔=命名する〕こともできない。この卓越性を脱構築しようとするならば、必ず、伝承された既成の諸概念のあいだを模索しながら、名ざしえぬものの方に入り込んでいくことになるのだ。

だから声の「見せかけの卓越性」は、つねに本質的にイデア的な性格を有している意味されるもの《シニフィエ》が、つまり「表現された」Bedeutung〔意-味〕が、直接的に〔即座に、無媒介的に〕表現作用に現前することに起因している。そしてこの直接的な現前性は、意味するもの《シニフィアン》の現象学的「身体=物体《コール》」が、それが産み出されるまさしくその瞬間に姿を消すように見えるということに起因している。その現前性は、そのときすでにイデア性のエレメントに属しているように見える。それはそれ自身を現象学的に還元して、その身体＝物体の内世界的《ムンダーン》な不透明性を純然たる透明性に変えるのである。可感的な身体＝物体とその外在性とのそうした消去は、意識にとって、意味されるもの《シニフィエ》の直接的現前性の形式そのものなのである。

なぜ音素《フォネーム》が、諸記号のうちで最も「イデア的」であるのか。音とイデア性の、あるいはむしろ声とイデア性のあいだのこの結託は、どこに起因しているのだろうか（ヘーゲルは、他の誰よりもそのことに注意を払っていたが、形而上学の歴史という観点からすると、それはまさしく注目すべきことであって、そのことをわれわれは別の場所で検討するつもりである）。私が語るとき、私が語っているあいだに私が自分の話を聞いているということは、この活動の現象学的本質に属している。私の息と意味作用の志向とによって生気づけられた意味するもの《シニフィアン》（フッサールの用語では、Bedeutungsintention〔意－味志向〕によって生気づけられた表現）は、絶対的に私に近い。生き生きした作用、生気を与える作用、意味するもの《シニフィアン》の身体《コール》＝物体を生気づけ、それを意－味する表現に変えるLebendigkeit〔生動性〕、つまり言語の心《アーム》は、それ自身から、その自己への現前性から分離しないように見える。それは、世界に、空間の可視性に打ち捨てられている意味するもの《シニフィアン》の身体＝物体の中で、死の危険を冒すことはない。それは、イデア性の外に、自己へと現前する生の内面性の外に踏み出す危険を冒すことなしに、イデア的な対象を、あるいはそれとかかわるイデア的な Bedeutung〔意-味〕を表-示する〔訳註（78）参照〕ことができる。Zeigen〔記号作用〕のシステム、指と目による運動（先ほどわれわれは、それが現象性から切り離せないものではないのかという疑問を抱いた）は、ここに不在であるのではなくて、内面化されているのだ。現象は、声にとって対象でありつづけている。それどころか、対象のイデア性が声に依存し、そのようにして声の中で絶対的に自由にすることができるものになっているように見えるという点で、現象性を Zeigen〔記号作用〕の可能性に結びつけるシステムは、声の中で、かつてないほどうまく機能しているのである。音素は、現象のコントロールされたイデア性として与えられる〔自分を与える〕のである。

だから生気を与える作用が、それが生気づけるものの透明な精神性の中でこうして自己へと現前すること、生と生自身のこの親密さ、話す言葉《パロール》が生きたものだとこれまでつねに言わせてきたもの、そうしたことのすべてが、語る主体《シュジェ・パルラン》が現在において自分の話を聞いているということを前提としているのである。それが、話す言葉《パロール》の本質あるいは正常性なのである。話す者《パルルール》が自分の話を聞いているということ、つまり音素の可感的な形を知覚すると同時に自分自身の表現志向を理解するということは、話す言葉《パロール》の構造そのものに含まれているのである。仮に偶発的な事態《アクシダン》が生じて、それがこの目的論的な必然性と矛盾すると思われるならば、それは、なんらかの代行操作によって克服されることになるか、それとも話す言葉《パロール》が存在しないかの、どちらかになるだろう。無言症〔言えないこと〕と難聴〔聞こえないこと〕とは、セットになっている。耳の聞こえない人は、自分の動作を語の形相《フォルム》〔訳註（116）参照〕の中に滑り込ませることによってしか、対話に加わることができないが、語の目的《テロス》には、それを発声する者によって聞かれるということが含まれているのである。

　純粋に現象学的な観点から考察すると、還元の内部で、話す言葉《パロール》のプロセスは、すでに自然的態度と世界の現実存在《エグジスタンス》の定立とを遮断して、すでに純然たる現象として自分を引き渡すという独自性を持っている。「自分が語るのを‐聞く」という活動は、まったく他に類のないタイプの自己《オト》‐触発《アフエクシオン》〔訳註（101）参照〕である。一方でそれは、普遍性の媒体の中で活動する。そこに立ち現われる意味されるもの《シニフィエ》は、イデア性でなければならず、そのイデア性を同じもの《メーム》のように際限なく反復したり伝えたりすることがイデア的ニ〔idealiter〕できるのでなければならない。他方で主体は、外在性や世界や非《ノン》‐固有のもの《プロプル》一般の審級《アンスタンス》によるどんな回り道もすることなしに、自分の話を聞いたり、自分に語りかけたり、自分が産み出す意味するもの《シニフィアン》によって触発されたりすることができる。他のどんな形式の自己‐触発であれ、非‐固有のものを仲介としなければならないか、それとも普遍性をあきらめなければならないかの、どちらかである。私が自分を見るとき、私の身体の限られた部位が私の視線に与えられるからであれ、鏡に映して姿を見るからであれ、非‐固有のものが、すでにこの自己‐触発の領野の中に入ってしまっているのであり、したがってこの自己‐触発は、もはや純粋ではないのだ。触れるもの＝触れられるもの[117]の経験においても、事情は同じである。両方の場合とも、私の身体の表面は、外在性へとかかわるものとして、まず世界の中にさらされなければならない。固有の身体の内面において、世界内にさらされるどんな表面の介在も必要とせず、それでいて声の次元には属していないようないくつかの純粋な自己‐触発の形式がありはしないか、と言われるかもしれない。しかしその場合、そうした形式は、純粋に経験的なものにとどまっていて、普遍的な意味作用の媒体に属していることはありえない。だから声の現象学的な力を説明するためには、この純粋な自己‐触発という概念をさらに明確にして、その概念のうちでそれを普遍性にふさわしいものにしているものを記述しなければならない。純粋な自己‐触発として、〈自分が語るのを‐聞く〉という活動は、固有の身体の内部の表面までも還元するように思われる。その活動は、その現象において、そうした内面性の中の外在性なしですますことができるように思われる。つまり固有の身体についてのわれわれの経験やわれわれの像《イマージュ》が張りめぐらされる、そういった内部の空間なしですますことができるように思われる。そういうわけで、〈自分が語るのを‐聞く〉という活動は、空間一般の絶対的な還元〔空間の無化〕にほかならないような自己への近さにおいて、絶対的に純粋な自己‐触発として体験されるのである。その活動を普遍性に適したものにするのは、この純粋さなのだ。世界の中の特定のどんな表面の介在も必要とせず、自分を純粋な自己‐触発として世界の中に産出するのだから、その活動は、絶対的に融通無碍《むげ》な意味《シニフィアン》するものの実質なのである。というのも声は、まさしくそれが純粋な自己‐触発として世界の中に産み出されるというかぎりにおいて、世界の中に発される際に、どんな障害にも出会わないからである。なるほどこの自己‐触発は、主観性とか対‐自と呼ばれるものの可能性ではあるが、しかしまたこの自己‐(118)

触発がなければ、どんな世界もそのようなものとして立ち現われることはないだろう。というのもこの自己‐触発は、その深さにおいて、音（世界の中にある）と声《フォネー》（現象学的な意味で）との統一性を前提としているからである。たしかに客観的で「内世界的《ムンダーン》な」科学は、声の本質について、われわれに何も教えることができない。しかし音と声の統一性は、声が純粋な自己‐触発として世界の中に産み出されることを可能にしているのであり、内《アントラ》‐世界性《モンダニテ》と超越論性《トランサンダンタリテ》のあいだの区別を免れる唯一の審級《アンスタンス》なのである。そして同時に、その区別を可能にする唯一の審級なのである。

　まさしくこうした普遍性のおかげで、構造的にまた権利上、声がなければ、どんな意識も可能ではないのだ。声は、普遍性の形式において、意‐識（共通の《コン》‐知識《シアンス》）として、自己のもとにある存在《エートル》である。声は、意識である。対話において、意味するもの《シニフィアン》の伝播は、純粋な自己‐触発の二つの現象学的根源を関係づけているので、なんの障害にも出会わないように見える。誰かに語りかけること、おそらくそれは自分が語るのを聞くこと、自己によって聞かれることであるが、同様にしてまた同時に、他者によって聞かれる場合には、その〈自分が語るのを‐聞くこと〉を、他者が、私がそれを産み出したとおりの形式で、他者の内で直接的に〔即座に〕反復するようにさせることなのである。

直接的に〔無媒介的に〕反復するように、つまりどんな外在性の助けも借りずに純粋な自己‐触発を再生するようにさせることなのである。こうした再生の可能性の構造は絶対的に唯一無二《ユニック》のものであるが、意味するもの《シニフィアン》が非‐外在性そのものの形式を持っている以上、その可能性は、意味するもの《シニフィアン》に対する無制限の支配《コントロール》あるいは権力といった現象として与えられる〔自分を与える〕。だからイデア的に、話す言葉《パロール》の目的論的本質において、意味するもの《シニフィアン》が、直観によって思念される意味されるもの《シニフィエ》に、つまり意《ヴロワール》‐味《ディール》を導く意味されるもの《シニフィエ》に絶対的に近いところにあるということかもしれない。意味するもの《シニフィアン》は、まさに意味されるもの《シニフィエ》の絶対的な近さのゆえに、完全に透明なものになるだろう。私が自分が語るのを聞くかわりに、自分が書くのを見たり、身ぶりによって意味するのを見るときには、この近さは打ち破られるのである。

意味するもの《シニフィアン》の意味されるもの《シニフィエ》へのこの絶対的近さという条件、そして意味するもの《シニフィアン》が直接的な現前性のうちに消え去るという条件のもとに、フッサールは明確に、表現という媒体を「非生産的」で「反映的」なものだと見なすことができるだろう。同様にこの条件のもとで、フッサールは、逆説的にも、損失なしにその表現という媒体を還元して、意味の前‐表現的な層が実在すると断言することができるだろう。この条件のもとで、フッサールは、指標的な言語であれ表現的な言語であれ、言語全体を還元して、意味の根源性を取り戻す権利を自分に与えることになるだろう。

『論理学研究』から『幾何学の起源』に至るまで、フッサールはたえず、学問的真理は、つまり絶対的にイデア的な対象は、「言表《エノンセ》」(119)の中にしかないと考えつづけているのに、また語られる言葉《ランガージュ・パルレ》ばかりでなくて記入行為も、イデア的対象の、つまり同じもの《メーム》として伝播され反復されることのできる対象の構成に不可欠なものだと考えつづけているというのに、こうした言語の還元を、どのようにして理解したらよいのだろうか。

まず最初に、このことを充分に認めておかなければならないが、ずいぶん前から始まって『幾何学の起源』に至った運動が、その最も明証的な局面によって確証しているのは、言語が、経験の第二次的な層に深く限定されているということであり、さらにその第二次的な層の考察において確証されるのは、形而上学の伝統的な音声ロゴス主義《フォノロジスム》なのである。エクリチュール(120)がイデア的対象の構成を完成するとしても、それは音声的エクリチュールとしてそうするのだ(*39)。エクリチュールは、すでに準備が整った話す言葉《パロール》を書きとめ、記入し、記録し、具現するために〔あとから〕やって来る。そしてエクリチュールを再活性化することは、いつだって指標作用の中に表現を目覚めさせることなのである。つまり、いつまでも空虚なものでありつづける可能性のある象徴として、みずからのうちに危機の脅威を孕《はら》んだ文字《レットル》の身体＝物体《コール》の中に、語《モ》を目覚めさせることなのである。すでに話す言葉《パロール》は、まず最初に思考の中で構成されるような〈意味の同一性〉に対して、同じ役割を演じていた。たとえば「原《プロト》-幾何学者」は、限界まで進んで、思考の中に純粋な幾何学的対象の純然たるイデア性を産み出し、ついでその伝達可能性を話す言葉《パロール》によって保証し、最後にそれをエクリチュールに託さなければならないのであるが、そのエクリチュールの助けを借りて、われわれは根源〔起源〕の意味を反復する、つまり意味のイデア性を創出した純粋な思考の作用を反復することができるようになる。そのような具現作用＝受肉《アンカルナシオン》が可能にする進歩の可能性とともに、意味の「忘却」とその喪失の危険が、たえず増大する。歴史的堆積の下に埋もれた作用の現前性を再構成することが、しだいに難しくなる。危機の契機《モマン》は、いつでも記号の契機である。そのうえフッサールは、彼の分析の細心さ、厳密さ、絶対的新しさにもかかわらず、つねに形而上学的概念体系の中で、そうしたすべての運動を記述しているのである。心《アーム》と身体＝物体《コール》のあいだの絶対的差異《ディフェランス》が支配しているのだ。エクリチュールが〈表現する身体＝物体〉となるのは、口頭の表現が顕在的《アクチュエルマン》に発言されて、エクリチュールを生気づける場合だけ、つまりエクリチュールの空間が時間化される場合だけである。語が何かを意味する〔言おうとする〕身体＝物体となるのは、顕在的《アクチュエル》な志向がそれを生気づけ、生気のない音響の状態（Körper〔物理的身体〕）から生気づけられた身体の状態（Leib〔人間的身体〕）へと移行させる場合だけである。語のこの固有の身体＝物体は、意《ヴロワール》-味する《ディール》（bedeuten）という作用によって生気づけられて（sinnbelebt）、精神的な肉《シェール》（geistige Leiblichkeit〔精神的身体性〕）〔訳註（45）参照〕に変えられるのでなければ、表現しないのである。しかしGeistigkeit〔精神性〕あるいはLebendigkeit〔生動性〕だけは、独立的〔訳註（112）参照〕であり、根源的である。（＊40）それは、それ自体としては、それ自身に現前するために、どんな意味するもの《シニフィアン》も必要としない。それが生のうちに目覚めたり、維持されるのは、みずからの意味するもの《シニフィアン》のおかげであるばかりでなく、それに抗してそうするのである。以上が、フッサールの言述《ディスクール》の伝統的な側面である。

しかしフッサールが、たとえ有益な脅威のようにしてであれ、そうした「受肉《アンカルナシオン》」の必然性を認めなければならなかったのは、ある深いモチーフが、そうした伝統的な区別の安全性を内側から悩ませて、それに異議を唱えていたからである。またエクリチュールの可能性が、話す言葉《パロール》の内部に住みついていたからであり、話す言葉《パロール》それ自身が、思考の内奥で働いていたからである。

そして、われわれがすでに何度もその露呈を見て取った、根源的な非‐現前性の潜在力のすべてを、われわれはここに再び見出すのである。フッサールは、意味するもの《シニフィアン》の外在性の中に無理やり差異《ディフェランス》を押し込めながらも、意味と現前性の根源に、その差異の働きを認めざるをえなかった。声の活動としての自己‐触発は、純粋な差異が、自己への現前性をあとから分割するのだと想定していた。しかし、自己‐触発から除外することができると思われているすべてのものの可能性、つまり空間、外、世界、身体＝物体等々の可能性は、まさしくこの純粋な差異の中に根を下ろしているのである。自己‐触発が自己への現前性の条件であることを認めるやいなや、どんな純粋な超越論的還元も不可能である。しかし純粋な超越論的還元をとおして、差異をそれ自身に最も近いところで捉え直さなければならない。その同一性に、その純粋さに、その根源に最も近いところでというわけではない。差異は、そうしたものを持っていない。そうではなくて、差延《ディフェランス》〔訳註（100）参照〕の運動に最も近いところで、差異《ディフェランス》を捉え直さなければならないのだ。

差延のこの運動は、超越論的主観に突然到来するのではない。差延の運動が、超越論的主観を産み出すのだ。自己‐触発は、すでに自分自身(autos〔自己自身〕)であるような存在者《エタン》を特徴づける、経験の一様相《モダリテ》ではない。それは、自己との差異の中で、自己への関係として同じものを、非‐同一的《ノン・イダンティック》なものとして同じもの《メーム》を産み出すのである。

われわれがここまで話題にしてきた自己‐触発は、声の活動だけにかかわっているということになるのだろうか。差異は、音声的な「意味するもの《シニフィアン》」の次元あるいは表現の「第二次的な層」にかかわっているということになるのだろうか。そして、フッサールが前‐表現的な体験のレヴェルとして抽出したいと望んだレヴェルでは、つまり意味がBedeutung〔意‐味〕と表現に先行するというかぎりでの、意味のレヴェルでは、純粋な同一性の、純粋に自己へと現前する同一性の可能性を、依然として温存することができるということになるのだろうか。

しかしそのような可能性が、超越論的な経験のまさしく根元において除外されているということを証明するのは、容易だろう。

実際、なぜ自己‐触発という概念が、われわれに課されたのだろうか。話す言葉《パロール》の独自性をなすもの、それが他のどんな意味作用の場《ミリュ》からも区別される点は、話す言葉《パロール》の素地が、純粋に時間的なものであるように見えるということである。そしてその時間性が、それ自身は非時間的であるような意味を展開するのではない。意味というものは、表現される前でさえ、端から端まで隈なく時間的である。フッサールによれば、イデア的対象の遍在的時間性《オムニタンポラリテ》は、時間性の一様態にすぎない。フッサールが、時間性を免れるように見える意味を記述するときには、そこでは分析の一時的な段階が問題であること、その場合に考察されているのは構成された時間性なのだということを、急いで言い添える。ところで、すでに『講義』〔『内的時間意識の現象学』〕において分析されているような時間化《タンポラリザシオン》の運動を考慮に入れるならば、ただちに純粋な自己 - 触発という概念を、つまり周知のように、ハイデガーがまさしく時間に関して、『カントと形而上学の問題』の中で使っている概念〔訳註(101)参照〕を充分に役立てなければならない。「源 - 点」、「原印象」、つまり時間化の運動が産出される出発点は、すでに純粋な自己 - 触発なのである。それは、何よりもまず純粋な産出である。時間性は、ある存在者の実在的《レアール》な述語(121)では決してないからである。時間そのものの直観は、経験的ではありえない。それは、何も受容しない受容である。だから各々の今の絶対的新しさは、別の何かから生まれるわけではない。それは、自分自身で生まれるような根源的な印象からなっている。「原印象は、この産出の絶対的な始まりであり、根源的な源泉であって、そこからその他のすべてが連続的に産み出されるのである。しかし原印象それ自身は、産み出されない。それは、なんらかの産物としてではなくて、genesis spontanea〔自然発生〕として生まれるのである。それは、根源的発生《ジェネラシオン》なのである」(『講義』「附論I」)。この純然たる自発性は、一つの印象であるが、それは、何も創出しない。新たな今は、存在者ではないし、生産物でもない。あらゆる言語は、隠喩によるのでなければ、つまりそうした時間化が可能にする経験の対象の次元からその概念を借用するのでなければ、この純粋運動の記述に失敗する。フッサールは、そうした隠喩に対して警戒するように、たえずわれわれに呼びかけている。(*41) 自然的発生によって産み出される〔自分を産み出す〕生き生きした今が、一つの今となり、別の今の中に把持されるためには、経験的な手段の助けを借りずに、新たな根源的顕在性によって自分自身を触発しなければならず、その新たな根源的顕在性の中で、過ぎ去った今としての非-今になるのだが、そのようなプロセスは、まさしく純粋な自己-触発であって、その自己-触発において、同じもの《メーム》は、他のもの《オートル》によって自己を触発し、同じものの他のものになることによってしか、同じものではないのである。その自己-触発は、純粋なものであるにちがいない。原印象は、そこでは自分自身以外の何ものによっても、つまり別の今である別の原印象の絶対的な

「新しさ」以外の何ものによっても触発されないのだから。この「運動」の記述に、ある特定の存在者を導入するやいなや、隠喩によって語るのであり、この「運動」が可能にするものの用語でこの「運動」を言い表わすのである。しかしわれわれは、いつもすでに、存在的隠喩の中に逸脱＝漂流《デリーヴ》してしまっている。時間化は、根源的でしかありえないような隠喩の根元である。「時間」という語自体が、形而上学の歴史の中でつねにそう理解されてきたように、一つの隠喩であって、この自己‐触発の「運動」を指示すると同時に隠蔽しているのである。形而上学のすべての概念が——とりわけ能動性と受動性、意志と非‐意志の概念が、したがって触発と自己‐触発、純粋と不純の概念等々が——この差異《ディフェランス》の奇妙な「運動」を覆い隠しているのである。

しかし生き生きした現在《プレザン・ヴィヴァン》の自己への現前性を構成するこの純粋な差異は、その現前性から除外することができると思われた不純さのすべてを、根源的にそこに再導入するのである。生き生きした現在は、その非‐自己同一性から、そして滞留する＝過去把持的《レタンシヨネル》な痕跡の可能性から噴出するのだ。それはいつもすでに、一つの痕跡である。この痕跡を、生が自己の内部にあるような現在の単純さに基づいて考えることはできない。生き生きした現在の自己は、根源的に痕跡なのである。痕跡は、生き生きした現在の自己が「根源的にそれである」と言うことができるような一属性ではない。〈根源的で＝あること〉を、痕跡から考えなければならないのであって、その逆ではない。こうした原《アルシ》‐エクリチュールが、意味の根源で働いているのである。意味は、フッサールがそう認めているのだが、もともと時間的な性質のものであって、決して単純に現前するのではない。意味は、いつもすでに痕跡の「運動」の中に、つまり「意味作用」の次元の中に巻き込まれている。それは、いつもすでに自己から体験の「表現的な層」の中へと出てしまっている。痕跡は、生き生きした現在の内奥とその外《ドウオール》との関係であり、外在性一般、非《ノン》‐固有のもの《プロプル》等々に開かれていることなので、意味の時間化は、最初から「空間＝間隔化」なのである。空間＝間隔化《エスパスマン》を「間隔《アンテルヴァル》」あるいは差異として認めると同時に外に開かれていることとして認めるやいなや、もはや絶対的な内面性は存在せず、非《ノン》‐空間《エスパス》の内部が、つまり「時間」という名を持つものが自分を現わし、自分を構成し、自分を「現前させる」運動の中に、「外」が入り込んでしまっているのである。空間は、時間の「中に」ある。それは、時間が自己の外に出ることそのものであり、時間の〈自己への関係〉としての〈自己‐の‐外〉なのである。空間の外在性、空間としての外在性が、時間の不意を襲うわけではなくて、その外在性は、時間化の運動の「中に」、純然たる「外」として開かれているのである。ここで、音声的な自己‐触発の純然たる内面性が「表現的な」プロセスの純粋に時間的な性質を前提としていたことを想起するならば、話す言葉《パロール》のあるいは「自分が‐語るのを‐聞く」ことの純然たる内面性というテーマが、「時間」そのものとは根底から矛盾するものだということがわかる。「世界の中に」出ること、そのこともまた、時間化の運動によって根源的にもたらされるのである。まさしく「時間」を現在に基づいて、また現前する存在者の自己への現前性に基づいて考えることはできないのだから、「時間」は、「絶対的主観性」ではありえないのである。この名称のもとに考えられるすべてのものと同様に、また最も厳密な超越論的還元によって除外されるすべてのものと同様に、「世界」は、時間化の運動によって根源的にもたらされるのである。一般的に内部と外部の、一般的に実在するものと実在しないものの、一般的に構成するものと構成されるもののあいだの関係として、時間化は、現象学的還元の力そのものであると同時にその限界そのものである。〈自分が‐語るのを‐聞くこと〉は、自己の上に閉ざされた内部の内面性ではない。それは、内部において還元不可能に開かれていることであり、話す言葉《パロール》の中の目と世界である。現象学的還元とは、一つの光景なのである。

それゆえ表現が、一つの「層」[*42]のように、前 - 表現的な意味の現前性にあとからつけ加わるのではないのと同じく、指標作用という外部が、表現という内部をあとから偶発的に触発するのではない。両者のからみ合い（Verflechtung）は根源的であって、首尾一貫した注意や忍耐強い還元によって解消することができるような偶然的連合ではない。分析は、どんなに必要な分析であろうと、そこで絶対的な限界につきあたる。指標作用が表現につけ加わり、その表現が意味につけ加わるのではないとしても、それにもかかわらずそうした作用に関して、根源的な「代補《シュプレマン》」〔訳註（41）参照〕について語ることはできる。つまりそうした作用の付加が、ある欠如を、根源的な〈自己への非 - 現前性〉を、あとから代理＝補充するのである。そしてイデア的対象の構成を成就するために、指標作用が、たとえば普通の意味での書く言葉《エクリチュール》〔文字言語〕が、ぜひとも話す言葉《パロール》〔音声言語〕に「つけ加わら」なければならないのは、また話す言葉《パロール》が、対象の思考されるものとしての同一性に「つけ加わら」なければならなかったのは、意味の「現前性」が、そして話す言葉《パロール》の「現前性」が、すでにその「現前性」自身に欠けはじめていたからなのである。

原註

＊34 特に『イデーンI』（第三篇）第四章（「ノエシス・ノエマ的構造の問題探究のために」）を、とりわけ第一一四節から第一二七節を参照。われわれはそうした箇所を、別の機会に、もっと仔細に、またそれ自体に関して検討するつもりである。前掲「形式と意-味」（＊15）を参照。

＊35 『論理学研究』（『認識の現象学と認識論のための諸研究』）の第一部第三章第二六節を参照。「人称代名詞を含んでいるあらゆる表現は、すでに客観的な意味を欠いている。私という語は、場合に応じて異なった人物を名ざす（＝命名する）のである。（……）その語の中で媒介の役目を果たしているのは、むしろある種の指標的機能であって、それが言わば聞き手に、おまえの目の前にいる者は自分自身を思念している〔狙いをつけている〕ということを知らせているのである」。問題のすべては、〈私〉の Bedeutung〔意-味〕が充実され、成就されるとフッサールが言うところの孤独な言述《ディスクール》〔独り言〕において、表現性というものに固有の普遍性という要素《エレメント》がその充実を妨げはしないか、それが主観《シュジェ》＝主体から、〈私〉という Bedeutung〔意-味〕

で充実した直観を奪ってしまわないかどうかを知ることなのである。そして、フッサールの言うところによれば、対話の状況においては、「どんな人も、自分自身について話すときに私と言うので、この語は、そうした状況を示すために普遍的に有効な指標という性格を持っている」（同前）のだから、問題のすべては、孤独な言述（独り言）がその対話の状況を遮断しているのか、それともただ内面化しているだけなのかを知ることなのである。

こんなふうにして、つねに主観的《シュブジェクティフ》なものである表明＝告知されたものと、名ざされた（＝命名された）ものとしての表現されたものとの差異が、さらによく理解される。〈私〉が立ち現われるたびに、それは指標的な表明＝告知命題なのである。表明＝告知されたものと名ざされたものは、ときには部分的に重なり合っていることもある（「水を一杯ください」は、事物を名ざし、また欲望を表明している）が、権利上はまったく別のものである。それは、次の例において、二つの例がまったく別のものであるのと同じである。2×2＝4。「この命題は、「私は2×2＝4だと判断する」という命題と同じことを少しも意味していない。そのうえ、この二つの命題は、等価のものですらない。一方は真かもしれないが、他方は偽かもしれない」（第二五節）。

＊36　とりわけ『形式論理学と超越論的論理学』（S・バシュラール訳）の第一部第一章第一三節を参照。

＊37　アリストテレス式に証明しようと、ハイデガー式に証明しようと、存在〔ある〕の意味は、存在〔ある〕という一般的概念に先行する。存在〔ある〕という語と意味のあいだの関係の特異性に関しては、直説法現在形の問題と同様に、『存在と時間』および『形而上学入門』を参照のこと。たぶんすでに明らかなことだと思われるが、いくつかの決定的な点で、ハイデガー的なモチーフに依拠しながら、特にわれわれは、ロゴスとフォネーの関係について、またいくつかの術語単位《ユニテ・ドゥ・モ》の（存在〔ある〕という語やその他の「根本術語」の）いわゆる還元不可能性について、ハイデガーの思想がときには現前性の形而上学と同じ諸問題を招いているのではないか、と問いかけてみたいと思っているのである。

＊38　『イデーンI』第一二四節を参照。

訳註：『イデーンI』の参照部分は、次のとおり。「表現の層は——この点がその層の特有性をなしているのだが——、ほかのすべての志向的対象物にまさに表現を付与するということを除けば、実は生産的ではないものなのである。或いは、逆の言い方をすれば、こうなる。すなわち、表現の層の生産性、つまりそれのノエマ的働

きは、表現作用ということで尽きてしまうのであり、かつその表現作用とともに新しく入り込んでくる概念的なものの形式ということで尽きてしまうのである」（前掲『イデーンI-II』二三七頁）。なお前掲仏訳『イデーン』の訳者P・リクールは、第一二四節冒頭部分に付した訳注の中で、「表現と意味作用《シニフィカシオン》は、『論理学研究』の出発点だった。主要な点は、まさに表現を「意味《サンス》」の上にあって語《モ》の下にあるものとして、その身体＝物体的な《コルポレル》面ではなくて「精神的な《マンタル》」面によって把握することである。それが表現的意味作用の、〈ロゴス〉の、そして厳密な意味における概念のレヴェルである。特に非生産的な層として、忠実な表現は、それを表現するノエマと「合致する」」と注記している。

＊39　形式主義的モチーフとライプニッツ的厳格さが、フッサールの仕事の隅々にまではっきりと現われているにもかかわらず、奇妙なことに彼は、エクリチュールの問題を彼の省察の中心に置いたことは一度もなかったし、『幾何学の起源』の中でも、音声的エクリチュールと非音声的エクリチュールの差異を一度も考慮に入れなかった。

＊40　『幾何学の起源』への「序説」（Ⅶ）参照。

＊41　たとえばこの奇妙な「運動」、そもそもそれは運動ではないのだが、その「運動」を言い表わすのに適した名〔名辞〕がないことを明らかにしている、感嘆すべき『講

義』第三六節を参照。フッサールは、「こういったことすべてに対して、われわれには名が欠けている」と結論している。こうしたフッサールの意向を、特定の方向にさらに徹底しなければならないだろう。というのも、彼がこの名ざしえぬもの〔命名できないもの〕を、いまだ「絶対的主観性」として、すなわち実体《シュプスタンス》、ウーシア、ヒュポケイメノン〔訳註〕としての現前性に基づいて考えられるような存在者として、つまり実体を主観＝主体《シュジェ》にする〈自己への現前性〉において、自己同一的であるような存在者として示しているのは、偶然ではないからである。この一節で、名ざしえぬものと言われているものは、文字どおり、自己への現前性の形式において現前する存在者であることが知られているような何かではないし、主観に、絶対的主観に変様させられた実体、つまりその自己への現前性が純粋で、どんな外的触発にも、どんな外部にも依存しない実体であることが知られているような何かでもない。そうしたものすべては現前しており、われわれはそれを名ざすことができる。その証拠に、その絶対的主観性という存在は問題になっていないのである。フッサールによれば、名ざしえぬものであるのは、ただこの主観の「絶対的特性」だけであり、したがってこの主観は、実体（現前する存在者）をその属性から区別する古典的形而上学の図式に従って、はっきりと示されるのである。分析の比類のない深さを現前性の形而上学の囲い＝閉域《クロチュール》の中に引きとめているもう一つの図式は、主観〔主体〕―客観〔対象〕の対立である。その「絶対的特性」を言葉で記述することが不可能なそうした存在者は、ただ対象との対立においてしか、絶対的主観性として現前しないし、絶対的に現前する存在者、絶対的に自己へと現前する存在者にはならないのである。対象は相対的であり、絶対的なものは、主観である。「われわれは、次のように言う以外には、われわれの考えを言い表わすことができない。つまりこの流れは、構成されたものにならってわれわれがそのように名ざすような何ものかではあるが、しかしそれは、時間的に「客観的＝対象的な」ものではまったくない。それは絶対的主観性であって、隠喩によって「流れ」として示さなければならないような何ものか、「今」、顕在性《アクチュアリテ》の一点、根源的な源‐点等々において噴出する何ものかの絶対的特性を持っている。われわれは、顕在性の体験のうちに、根源的な源‐点と一連の残響の契機を持っているのだ。こういったことすべてに対して、われわれには名が欠けている」（第三六節、強調デリダ）。したがって、差延《ディフェランス》に基づいて現在が考えられるのであって、その逆ではないのだから、「絶対的主観性」の規定もまた、削除訂正されなければならないだろう。アプリオリにまた一般的に、主観性という概念は、構成されたものの次元に属しているのだ。このことは、間主観性〔相互主観性〕を構成する類比的な付帯現前化〔訳註

(19) 参照〉には、ナオサラ当てはまる。間主観性は、現在が〈自己‐の‐外〉へと、他の絶対的現在へと開かれていることとしての時間化から切り離すことができない。時間のこうした〈自己‐の‐外〉とは、時間の空間=間隔化《エスパスマン》であり、つまり原《アルシ》‐光景《セーヌ》である。ある現在の他の現在へのそのような関係として、つまり非派生的な再《ル》‐現前化《プレザンタシオン》(Vergegenwärtigung〔準現在化〕あるいはRepräsentation〔再現前化〕)として、この光景は、「参照指示《ランヴォワ》」としての、〈何‐ものか‐の代わりの‐存在〉(für etwas sein) としての記号一般の構造を産み出し、その還元を根底的に禁止するのである。構成する主観性などというものはない。だから、構成という概念までも脱構築しなければならないのである。

訳註:「ウーシア ousia」は「ある eon」というギリシア語の動詞の現在分詞から派生した名詞で、プラトンはこれを「実体」「真実の存在」、つまりイデアあるいはエイドスの意で用いた。これを受け継いだアリストテレスは、『カテゴリー論』の中で、「ウーシア」を「他の基体のうちにない基体」、「他の主語の述語にならない主語」だと規定しているが、この「基体」と「主語」が「ヒュポケイメノン」(「下に置かれたもの」の意)であり、そのラテン語訳が「実体 substantia」(「下にあるもの」の意)である。なお「主観 sujet」「主観性 subjectivité」の語源も、同じ

「ヒュポケイメノン」の別のラテン語訳「基体 subiectum」(「下に投げられたもの」の意)である。つまり、ギリシア以来デカルトに至るまで、「主観」は、「実体」あるいは「基体」として、「それ自体で存在するもの」だと規定されて、その「実体」の本質的性格として規定される「属性」(「述語」にあたる)から区別されるのである。「hypokeimenon とその訳語 subiectum は、古代から近代初頭までは一貫して「基体」と「主語」を意味していた。そこにはカント以降の「主観」という意味はまったくふくまれておらず、むしろ「基体」という意味での subiectum は心の外にそれ自体で自存するものである。〔……〕中世から近代初頭にかけては、subiectum がそれ自体で存在する客観的存在者を意味し、obiectum が主観的表象を意味していたのであるが、これがカントのあたりで意味を逆転し、Subjekt が「主観」を、Objekt が「客観」を意味することになり、しかもこの二つの概念が対をなすようになるのである」(『哲学・思想事典』〔廣松渉ほか編、岩波書店〕の「主観」の項)。

＊42　もっともフッサールは、われわれが別の場所で一歩一歩そのあとをたどる予定の『イデーンI』第一二四節から第一二七節の重要な節の中で、前‐表現的な体験という下部層についてたえず語りながらも、「こうした成層(Schichtung)のイメージを

過大評価しないように」われわれに促している。「表現は、上に塗られたニスのようなものでも、重ね着された衣服のようなものでもない。それは、精神的な形成層であって、志向的な下部層（Unterschicht）に新たな志向的機能を及ぼすものである」〔第一二四節〕。

第七章　根源の代補

このように理解されると、代補性《シュプレマンタリテ》とは、まさしく差延〔訳註（100）参照〕であり、差延する活動であって、その活動は、現前性《プレザンス》に亀裂を入れるとともに遅らせ、それを同時に根源的な分割と遅延とに従わせるのである。差延《ディフェランス》は、差延する〔différer〕という動詞が、遅延としての用法と、差異《ディフェランス》の能動的な働きとしての用法とに分離する以前において、考えられるべきものである。もちろんそのことは、意識に、つまり現前性に基づいて、あるいはただたんにその反対のものである不在や非‐意識に基づいて考えることはできない。また、時間図表[122]や時間直線といった単なる同質的な複雑さとしても、つまり複雑な「継起」としても考えることはできない。代補的な差異は、現前性自身に現前性が根源的に欠如している事態の中で、現前性を代行しているのである。われわれはいまや、『論理学研究』の第一部〔「表現と意味」〕を通して、どのような点でこうした諸概念が、記号一般（指標的記号も表現的記号も）と現前性一般のあいだの関係を尊重しているのかを検証しなければならない。フッサールのテクストを通して、つまりただたんに注釈でも、また解釈でもありえないような読解の中で、そうしなければならないのである。

まず最初にこの根源的代補性という概念が、ただ現前性の非《ノン》‐充実《プレニチュード》（あるいはフッサールの用語では、直観の非‐充実作用〔訳註（26）参照〕）だけを意味しているのではないということに留意しよう。それは、あの代理的補充という機能一般を、つまり「の代わりに」（für etwas）という構造を示しているのである。この構造は、あらゆる記号一般のものであって、われわれが最初に意外に思ったのは、この「の代わりに」という構造の可能性を、フッサールがどんな批判的な問いにも付さず、また指標的記号と表現的記号を区別したときにも、それを自明のものとして手にしたということ(123)だった。われわれが最終的に考えてもらいたいと思っていること、それは、伝統的に与格の次元において、反省的なものであれ前‐反省的なものであれ、現象学的な自己‐贈与として規定される〈自己への現前性〉の対《プル》‐自《ソワ》（für-sich）〔訳註（118）参照〕が、根源的な代理作用としての代補性の運動の中に、「の代わりに」（für etwas）という形式の中に、つまりわれわれがすでに検討したように、意味作用《シニフィカシオン》〔記号作用〕一般の活動そのものの中に生じるということである。対-自は、〈自己-の-代わり-に〉[124]ということになるだろう。つまり、自己に代わって、自己の身代わりに置かれることになるだろう。代補の奇妙な構造が、ここに立ち現われる。つまり、あとからそこにつけ加わると言われているような可能性が、それ〔その可能性がつけ加わるはずのもの〕をあとで＝遅れて《ア・ルタルドマン》産み出すのである。

この代補性の構造は、非常に複雑である。代補として、意味するもの《シニフィアン》は、何よりもまず不在の意味されるもの《シニフィエ》を、そしてそれだけを再-現前化する《ルプレザンテ》〔表象＝代理する〕のではなくて、別の意味するもの《シニフィアン》の代わりになる。欠如している現前性とのあいだに、差異の活動＝戯れ《ジュ》によって多価的[125]になった別の関係を維持している、別種の意味するもの《シニフィアン》の代わりになるのである。その関係が多価的であるのは、差異の活動＝戯れがイデア化の運動だからであり、意味するもの《シニフィアン》は、イデア的であればあるほど、ますます現前性の反復力を増大させ、ますます意味を保存し、確保し、蓄積するからである。そういうわけで指標は、指示されるものの不在あるいは不可視性を補充する、単なる代替物ではない。指示されるものはつねに実在するものであるということを、思い起こそう。指標はまた、別のタイプの意味するもの《シニフィアン》の、すなわち表現的記号の代わりをするのである。つまり、その意味されるもの《シニフィエ》（Bedeutung〔意-味〕）がイデア的であるような意味するもの《シニフィアン》の代わりをするのである。実際のところ、実在的《レアール》、伝達的等々の言述《ディスクール》において、表現が指標に席を譲るのは、思い起こしてみれば、他人によって思念された意味が、そして一般的には他人の体験が、私みずからには現前せず、また決して現前することはありえないからである。そういうわけで、その場合に、表現は「指標として」機能していると、フッサールは言うのである。

いまや残された問題は——そしてこれが最も重要なものだが——、どんな点で表現それ自身が、その構造の中に、ある非-充実を含んでいるのかを知ることである。しかしながら、表現においては付帯現前的な〔訳註（19）参照〕回り道はもはや必要ないだろうし、また表現は、孤独な言述〔独り言〕のいわゆる自己への現前性の中で、そのようなものとして機能することができるのだから、それは、指標よりも充実したものだと認識されているのである。

実際、どのくらい離れたところから——分節化された[126]どのくらいの距離《ディスタンス》をおいて——直観主義認識論がフッサールの言語概念を統御しているのかを、充分に推し量ることが重要である。この概念の独自性のすべては、言語の自由、言述《ディスクール》の無遠慮な物言い《フラン・パルレ》とでも呼びうるようなものが、たとえ間違っていたり矛盾をはらんだものだとしても、直観主義へのフッサールの最終的服従によって圧迫されはしないということに起因している。人は、よく知らずに語ることができる。つまりその場合、話す言葉《パロール》がいくつかの規則に従ってさえいれば、その規則が直接的に認識の法則として与えられないものであったとしても、言葉《パロール》は依然として問題なく〔正当な権利として〕言葉だということを、まさしく哲学の全伝統に反して、フッサールは証明しているのである。純粋論理文法、つまり意味作用の純粋形式学〔訳註（2）参照〕は、たとえ言述がなんの認識をも可能にしなくても、どんな条件のもとで言述が言述になりうるのかを、アプリオリにわれわれに教えるはずのものなのである。

表現に特有の純粋さを抽出するために、フッサールがわれわれに促している最後の除外——あるいは還元——を、われわれはここで考察しなければならない。それは、最も斬新なものである。それは、意《ヴロワール》-味《デイール》を「充実する」直観的な認識作用を、表現の「非本質的な構成要素《コンポザント》」として埒外《らちがい》に置くことにある。

周知のように、意-味する作用、Bedeutung〔意-味〕を与える作用（Bedeutungsintention〔意‐味志向〕）は、つねに〈対象への関係〉の思念《ヴィゼ》〔訳註（44）参照〕である。しかし言述《ディスクール》が起こるためには、意味するもの《シニフィアン》の身体＝物体《コール》を、この志向作用が生気づけるだけで充分なのである。直観によって思念が充実されることは、必要不可欠のことではない。思念された対象が直観に対して充実して現前する必要なしですますことができるというのは、表現独自の構造の権限に属している。フッサールは、諸関係のもつれ合い（Verflechtung）から生まれる混同に再度言及して、次のように書いている。「われわれが純粋記述[127]の立場に立つならば、意味によって生気づけられた（sinnbelebt）表現の具体的現象は、一方の、表現がその物理的側面によって構成される物理的現象と、他方の、表現にBedeutung〔意‐味〕を与え、場合によっては直観的充実を与える諸作用とに分節されるのであって、この諸作用の中で、表現される対象性《オブジエクティヴィテ》への関係が構成されるのである。そしてこの後者の諸作用のおかげで、表現は、単なるflatus vocis〔音声〕以上のものになるのである。表現は何ものかを思念し、そしてそれを思念するかぎりにおいて、表現は、対象的な何ものかに関係するのである」（第九節）。だから充実は、ただ場合によっては起こりうるものでしかない。思念される対象の不在によって意‐味が危険にさらされはしないし、表現が、生気のないそれ自体は無意味なその物理的側面に還元されるわけでもない。「〔思念が関係する〕その対象的な何ものかが、それに伴う直観のおかげで顕在的《アクチュエルマン》に現前する（aktuell gegenwärtig）ものとして立ち現われる〔＝現出する〕か、少なくとも再‐現前化された（vergegenwärtigt〔準現在化された〕）ものとして（たとえば想像的形象〔訳註（80）参照〕の中に）立ち現われることがある。そうしたことが起こる場合には、対象性への関係は、実現《レアリゼ》されているのである。また、実はそうでない場合〔対象性への関係が実現されていない場合〕もあるが、この場合にも表現は、意味の役割を担って（fungiert sinnvoll）機能しており、たとえ表現を基づけ、表現に対象を与える直観が表現から奪われているとしても、表現は、やはり依然として単なるflatus vocis〔音声〕以上のものなのである」〔同前〕。したがって「充実する」直観は、表現に、つまり意《ヴロワール》‐味《ディール》の思念に本質的なものではない。この章〔第一章「本質的区別」〕の結末部全体は、志向作用と直観のあいだのこうした差異の証拠を取り集めている。すべての古典的な言語理論は、この差異に盲目だったために、[*43]アポリアや不条理を避けることができなかった。フッサールは、途中で、そうしたアポリアや不条理に気づく。われわれがここで逐一そのあとをたどることができない緻密で決定的な分析の途中で、Bedeutung〔意‐味〕のイデア性についての、そして表、現と Bedeutung〔意-味〕（両者ともにイデア的な統一体《ユニテ》として）と対象のあいだの不-一致についての論証がなされている。二つの同一の表現が、同じ Bedeutung〔意-味〕を持ち、同じものを意味し、それなのに異なる対象を持つ（たとえば「ブケファロス〔アレクサンドロス大王の馬の名〕は馬だ」と「この駄馬〔=馬車馬〕は馬だ」という二つの命題において）ことがありうる。また二つの異なる表現が、異なる Bedeutungen〔意-味〕を持ち、しかし同じ対象を思念する（たとえば「イエナの勝者」と「ワーテルローの敗者」〔ともにナポレオンのこと〕という二つの表現において）ことがありうる。最後に二つの異なる表現が、同じ Bedeutung〔意-味〕と同じ対象を持つ（Londres と London〔ともにフランス語、英語のロンドン〕、zwei と deux と duo〔それぞれドイツ語、フランス語、ラテン語の二〕等々）ことがありうる。

そのような区別がなければ、どんな純粋論理文法も可能にならないだろう。そして、『形式論理学と超越論的論理学』の構造全体を支えているのは、判断の純粋形式学の可能性なのであるが、その判断の純粋形式学が禁じられることになるだろう。実際、純粋論理文法が Widersinnigkeit〔不条理性〕と Sinnlosigkeit〔無意味性〕のあいだの区別に全面的に依拠していることは、周知のとおりである。表現は、いくつかの規則に従っていれば、widersinnig な（矛盾した、間違った、ある種のタイプの不条理性に従って不条理な）ものになっても、正常な言述《ディスクール》を引き起こす理解可能な意味《サンス》を持ちつづけ、無《ノン》‐意味《サンス》（Unsinn）なものにならないということがありうる。経験的な理由で（金の山）、あるいはアプリオリな理由で（四角い円）、どんな対象も持ちえないが、理解可能な意味を持ちつづけ、sinnlos〔無意味〕にならないということがありうる。だから対象の不在（Gegenstandslosigkeit）は、意‐味の不在（Bedeutungslosigkeit）ではない。だから純粋論理文法は、言述の正常性《ノルマリテ》から、Unsinn〔無‐意味〕という意味での無‐意味（アブラカダブラ、緑であるあるいは）だけを除外するのである。もしわれわれが、「四角い円」や「金の山」が何を意味しているのかを理解できなければ、そのような対象が不在だという結論に、どうやって達することができるのだろうか。そうした最小限の理解ですら、Unsinn〔無‐意味〕においては、つまり無‐意味の非‐文法性[128]においては、われわれに拒まれているのである。

　こうした区別の論理と必然性に従えば、意《ヴロワール》‐味《ディール》は、本質的に対象の直観を含んでいないばかりか、本質的にそれを除外するものだと主張したくなるかもしれない。意‐味の構造的な独自性、それはGegenstandslosigkeit〔無対象性〕、つまり直観に与えられる対象の不在だということになるだろう。ところで、意‐味の思念を満たすことになる現前性の充実作用の中では、直観と志向作用は溶け合って、「独自の性格を持った、緊密に融合した統一体《ユニテ》(eine innig verschmolzene Einheit) を形成するのである」(*44)。ということは、その対象の現前性において語る言語《ランガージュ》は、言語に固有の独自性を、言語だけに属している構造を消去あるいは溶解させることになる。つまり、言語の志向作用から直観が奪われているときには、言語が独力で機能することを可能にする構造を、消去あるいは溶解させることになる。まさしくここで、フッサールが分析と分離を始めるのは時期尚早だという疑いをかけるかわりに、彼の統一化は行き過ぎであり、時期尚早ではないかと考えてみることもできるだろう。本質的で構造的な理由——まさしくフッサールが喚起している理由——から、直観と志向作用の統一体が同質的だなどということが、そして意‐味が直観の中に姿を消すことなく溶け込むなどということがありうるのだろうか。フッサールの言葉づかいを借りれば、「直観に宛てて振り出された手形」を表現の中で「決済する」(第一五節) などということが、原理的にありうるのだろうか。「知覚の言表《エノンセ》」という極端な場合を考察してみよう。その言表が、まさに知覚的直観の瞬間に産み出されると仮定しよう。ある人を実際に見ているちょうどそのときに、私は、

「私は今窓からこれこれの人を見ている」と言うのである。私の活動の中には、そうした表現の内容がイデア的であること、そしてその統一は、イマココニ知覚が不在でも損なわれないということが、構造的に含まれている(*45)。私の隣にいるのであれ、あるいは時間的、空間的に無限に離れたところからであれ、この命題を聞く者は、権利上、私の言いたいことを理解するはずである。この可能性は、言述《ディスクール》の可能性であるのだから、知覚しつつ語る者の作用《アクト》そのものを構造化しているはずである。私の非‐知覚、私の非‐直観、イマココデノ私の不在が、まさしく私が言うというそのことによって、私の言うことによって、私が言うという理由で、言われているのだ。この構造は直観と、決して「緊密に融合した統一体」をなすことはできないだろう。直観の――したがって直観の主体《シュジェ》＝主観の――不在は、言述によって容認されているだけではなくて、少しでもそれをそれ自体として考察してみれば、意味作用一般の構造によって必要とされているのである。直観の不在は、根底的に必要とされているのである。つまり、言表の主体と対象の完全な不在――著作家の死(129)あるいは／および彼が記述した対象の消失――は、テクストが「意‐味する」のを妨げない。それどころかこの可能性は、意《ヴロワール》‐味《ディール》をそのようなものとして誕生させ、聞くべきものとして、読むべきものとして引き渡すのである。

さらに先に進むことにしよう。どのようにしてエクリチュール〔訳註（120）参照〕――主体の完全な不在にもかかわらず、主体の死によって（を超えて）機能する記号《シーニュ》の通常の名――は、意味作用《シニフィカシオン》〔記号作用〕一般の運動そのものに、とりわけいわゆる「生きた」話す言葉《パロール》の運動そのものに巻き込まれているのか。エクリチュール自身は実在的《レアール》でもイデア的でもないのに、どのようにしてエクリチュールは、イデア化を開始し、それを成就するのか。最後に、死、イデア化、反復、意味作用が、唯一のそして同じ始まり《ウヴエルチュール》からしか、その純然たる可能性において考えられないのは、どのようにしてなのか。今度は、〈私〉という人称代名詞の例を取り上げよう。フッサールは、それを「本質的に偶因的な」表現〔訳註（103）参照〕の中に分類している。〈私〉という人称代名詞は、「生じうるBedeutungen〔意‐味〕の概念的統一性を呈する一グループ、その表現にとって、顕在的なBedeutung〔意‐味〕を、場合に応じて、つまり語る者やその立場に応じて、そのつど方向づけることが必要不可欠であるような一グループ」〔第二六節〕全体と、その性格を共有しているのである。このグループは、表現の多義性が偶然的で、慣例によって単純化可能な表現のグループ（たとえば「定規＝規則《レグル》 règle」という語は、同時に木製の道具と〈規定すること〉とを意味する）とも、また言述の状況、コンテクスト、語る主体の立場によって、表現の一義性に悪影響を及ぼされないような「客観的な」表現のグループ（たとえば「すべての理論的表現、したがって「抽象的な」学問の原理や定理、論証や理論が築き上げられる表現」〔同前〕、数学的表現がその典型《モデル》である）とも区別される。この最後のグループだけが、あらゆる指標的汚染を絶対的に免れた表現なのである。本質的に偶因的な表現は、原則的に、言述の中で、言表《エノンセ》のBedeutung〔意‐味〕を歪曲することなしに、その表現を恒常的で客観的な概念的表象《ルプレザンタシオン》＝代理と取りかえることができないということによって見分けられる。たとえばもし私が、ある言表の中に現われるような〈私〉という語を、私がその語の客観的な概念的内容だと思うもの（「語りながら、自分自身を指し示す当の人物」）に置き換えるならば、馬鹿げた言動に輪をかけることになるだろう。「私はうれしい」と言うかわりに、「語りながら、自分自身を指し示す当の人物はうれしい」と言うことになるのだから。このような置き換えによって言表が歪曲されるときには、そのたびにわれわれは、本質的に主観的で偶因的な表現、つまり依然としてその機能のし方《フオンクシヨヌマン》が指標的であるような表現と向かい合っているのである。このように言述の中で、主体の立場への準拠《レフェランス》＝関係が還元＝抹消されないところならどこにでも、主体の立場が人称代名詞や指示代名詞によって、またここに、あそこに、上に、下に、今、昨日、明日、前に、後で等々のタイプの「主観的な」副詞によって知らされるところならどこにでも、指標作用が入り込んでいるのである。こうして表現の中に指標作用が大量に立ち戻ってくるために、フッサールは、次のように結論せざるをえない。「この本質的に偶因的な性格は、当然のことながら、そうした表象やそれに類する表象がその一部をなしているすべての表現にも転移するのであり、こうした表現は、語る者が何か自分自身にかかわることを、あるいは自分自身と関連して思考されることを正常に表現する際の、多種多様なあらゆる言述形式を包括しているのである。知覚、確信、疑念、願望、期待、恐れ、命令等々のすべての表現について、そのような事情なのである」（第二六節）。

　ただちにわかることだが、こうしたすべての表現の根元は、主観的な根源のゼロ地点、つまり私、ここ、今である。こうした表現のBedeutung〔意－味〕は、それが他人に対して実在的《レアール》な言述を生気づけるたびに、指標作用の中に強制収用されるのである。しかしフッサールは、語る者にとって、このBedeutung〔意－味〕が、対象への関係として（私、ここ、今）「実現《レアリゼ》」されるのだと考えているように見える。(*46)「孤独な言述〔独り言〕においては、〈私〉のBedeutung〔意－味〕は、本質的にわれわれ自身の人格の直接的な表象の中で実現される……」（同前）。

それは、確かなことだろうか。仮にそのような直接的な表象が可能であり、顕在的《アクチュエルマン》に与えられるとしても、孤独な言述における〈私〉という語の現出（直接的な表象が可能であるとすれば、このうえその存在理由が見つからないような代補《シュプレマン》）は、すでにイデア性として機能しているのではないだろうか。したがってそれは、〈私－ここ－今〉というもの一般に対して依然として同じものでありつづけることができるものとして、つまりたとえ私の経験的な現前性が消え去ったり、根底から変様したとしても、その意味を保持するものとして与えられるのではないだろうか。私が〈私〉と言うとき、たとえ孤独な言述の中であっても、いつものようにそこに言述の対象が不在だという可能性、ここでは私自身が不在だという可能性がつねに伴うという以外のし方で、私は、私の言表に意味を与えることができるのだろうか。私が私自身に「私はある」と言うとき、この表現は、フッサールによるあらゆる表現と同様に、対象が、直観的な現前性が、つまりここでは私自身が不在のときにも理解できるのでなければ、言述の資格はない。そもそもそんなふうにしてエルゴ・スム〔ゆえにわれ在り〕が哲学の伝統の中に導入され、超越論的自我《エゴ》に関する言述が可能になるのである。私が私自身についての顕在的な直観を持っていようといまいと、「私」は表現する。私が生きていようといまいと、私はあるは「意-味する」。ここでもまた、充実する直観は、表現の「本質的な構成要素《コンポザント》」ではないのである。〈私〉が孤独な言述において機能しようとしまいと、その際に、語る者の自己への現前性が伴おうと伴うまいと、〈私〉という語は sinnvoll〔有意味〕である。そしてその語を理解するために、さらにはその語を発するためにも、誰が語っているのかを知る必要はない。またもや孤独な言述と伝達作用のあいだの境界、実在性《レアリテ》と言述の表象のあいだの境界が、定かでないように見える。フッサールが、「〈私〉という語は、場合に応じて、別の人物を名ざし、しかもつねに新しい Bedeutung〔意-味〕によってそうするのである」〔同前〕と書くとき、彼が Gegenstandslosigkeit〔無対象性〕と Bedeutungslosigkeit〔無意-味性〕のあいだの差異に関して明確にしたことと矛盾したことを言っていないだろうか。言述とあらゆる Bedeutung〔意-味〕のイデア的性格とは、Bedeutung〔意-味〕が「つねに新しい」ということと、相いれないのではないか。そして「そのつどその Bedeutung〔意-味〕（〈私〉という語の意-味）を構成するものは、生き生きした言述と、その言述の一部をなす直観的所与からしか引き出すことができない。誰が書いたのか知らずにその語を読むとき、Bedeutung〔意-味〕を欠いているのではないにしても、少なくともその語の正常なBedeutung〔意-味〕とは無関係な語を、われわれは手にしているのである」〔同前〕と書くとき、フッサールは、志向作用と充実する直観の両作用の独立性について彼が主張していたことと矛盾したことを言っていないだろうか。フッサールの前提によって、われわれは、まったく反対のことを言うことが許されるはずである。知覚の言表《エノンセ》を理解するために、私は知覚する必要がないのと同様に、〈私〉という語を理解するために、私は〈私〉という対象の直観を必要としないのである。この非-直観の可能性が、Bedeutung〔意-味〕をそのようなものとして、正常なBedeutung〔意-味〕をそれ自体として構成しているのである。〈私〉という語が立ち現われるとき、その語のBedeutung〔意-味〕のイデア性は、その語のBedeutung〔意-味〕がその語の「対象」とはっきりと異なるというかぎりにおいて、われわれを、フッサールが異常なものとして記述している状況に、つまりまるで〈私〉が誰か見知らぬ人によって書かれているかのような状況に置くのである。ただそのことによってのみ、〈私〉という語の「著者」が見知らぬものであるときばかりでなく、まったく虚構のものであるときにも、さらには死んでいるときにも、われわれがその語を理解するという事実の説明がつくのである。Bedeutung〔意-味〕のイデア性は、ここでは構造的に遺言的な価値を持っているのである。そして、知覚の言表の価値が知覚の顕在性《アクチュアリテ》にも、またその可能性《ポシビリテ》にも依存していないのと同様に、〈私〉という意味するもの《シニフィアン》の価値は、語る主体の生に依存していないのである。知覚が知覚の言表に伴っていようといまいと、〈自己への現前性〉としての生が〈私〉という言表に伴っていようといまいと、そのことは、意《ヴロワール》-味《ディール》の機能にとってまったくどうでもよいことである。私の死は、〈私〉という語を発するのに構造的に必要不可欠である。私もまた「生きている」ということ、そして私がそれを確信しているということ、そのことは、意-味のおまけとしてついてくるのである。さらに、この構造は能動的《アクティフ》である。そんなことが可能だと仮定した上での話だが、私が「私が生きている」ことについて、充実した顕在的《アクチュエル》な直観を持つまさしくその瞬間に、「私は生きている」と言うときでさえ、この構造は、その独自の有効性を保持しているのである。「私はある＝存在する」あるいは「私は生きている」という、さらには「私の生き生きした現在はある」というBedeutung〔意-味〕は、それが虚偽＝誤謬によっても損なわれることのないものでなければ、つまりそれが機能するその瞬間に、私が死んでいることもありうるのでなければ、それが現にあるものではないし、あらゆるBedeutung〔意-味〕に固有のイデア的同一性を持たないのである。なるほどそれは、「私は死んでいる」という Bedeutung〔意 - 味〕とは異なるだろうが、必ずしも「私は死んでいる」という事実と異なるものではないだろう。「私は生きている」という言表には、私の死＝存在《エートル・モール》〔私が死んでいること〕が伴うのであり、その言表の可能性には、私が死んでいるという可能性が必要なのである。そしてまた、その逆のこともある。それはポーの奇怪《エクストラオルディネール》な物語(130)などではなくて言語のありふれた《オルディネール》物語なのである。先ほどわれわれは、「私はある＝存在する」から「私は死すべきものだ」に到達したが、ここでわれわれは、「私は死んでいる」から「私はある＝存在する」を理解するのである。書かれた〈私〉の匿名、つまり私は書く、の非固有性《アンプロプリエテ》は、フッサールの言うことに反して、「正常《ノルマル》な状況」なのである。直観的認識に照らして見た意 - 味の自律性は、まさしくフッサールが明らかにしているものであり、われわれが先ほど言語の自由、「無遠慮な物言い」と呼んだものだが、エクリチュールの中に、また死への関係の中に、その規範《ノルム》を持っているのである。このエクリチュールは、話す言葉《パロール》が目覚めるとすぐに生気づけることによって、それを二重化してしまったのだから、このエクリチュールがあとから話す言葉《パロール》につけ加わるということはありえない。ここでは指標作用が表現を損傷することも、堕落させることもない。指標作用が表現を書き取らせるのである。したがってわれわれは、この結論を純粋論理文法という理念《イデー》から、つまりつねに「空虚に」機能しているおそれのある意‐味志向（Bedeutungsintention）と、対象の直観によるその志向の「偶発的な」充実作用とのあいだの厳密な区別から引き出しているのである。この結論は、「意味」による充実作用と「対象」による充実作用のあいだの、これまた同様に厳密なものである代補的《シュプレマンテール》な区別によって、さらに補強される。「意味」による充実作用は、必ずしも「対象」による充実作用を必要としていないのであって、第一四節（「対象としての内容、充実する意味としての内容、そして単なる意味あるいはBedeutung（意‐味）としての内容」）を注意深く読むことによって、同じ教えを引き出すことができるだろう。

　なぜフッサールは、同じ前提からこうした帰結を引き出すことを拒むのだろうか。それは、充実した「現前性」のモチーフ、直観主義的要請、認識の投企《プロジェ》[131]が——先ほど述べたように、離れたところから——記述全体を統御しつづけているからである。ただ一つの同じ運動の中で、フッサールは、非‐知としての言述《ディスクール》の解放を記述し、消去する。思念《ヴィゼ》としての意‐味の独自性は、視覚《ヴィジオン》の目的《テロス》によって限定されている。志向作用を直観から切り離す差異は、それがどんなに根底的なものであっても、それでもなお予め‐《プロ》

見えるもの《ヴィゾワール》〔＝一時的なもの、訳註（106）参照〕になるだろう。そしてそれでもやはりこの予《プロ》-視《ヴィジオン》が、[132] 意-味の本質を構成することになるだろう。エイドス〔形相〕は、根底からテロス〔目的〕によって規定されている。「象徴=記号《サンボル》」は、つねに「真理」に向かって合図しており、「真理」の欠如として構成されるのである。「たまたま「可能性」や「真理」が欠けている場合には、言表の志向作用は、もちろん「象徴=記号的に」しか遂行されない。それは直観の中から、また直観を基盤として行使されるはずのカテゴリー的諸機能の中から、その認識価値を構成する充実を汲み取ることができない。その場合、その志向作用には、よく言われるように、「真の」、「本当の」Bedeutung〔意-味〕が欠けているのである」（第一一節）。別の言い方をすれば、真の、本当の意《ヴロワール》-味《ディール》〔言-おうとすること〕とは、〈真実を-言おうとすること〉なのである。こうして微妙に位置をずらすこと《デプラスマン》は、テロス〔目的〕の中にエイドス〔形相〕を、知の中に言語を取り戻すことなのである。言述が偽りだったときには、それだけで、それがいくらその言述の本質に合致していても無駄だったが、言述が真であるときには、やはりそのエンテレケイア[133]に達するのである。「円は四角である」と言うことによって、確かに語ることができるが、円は四角くないと言うことによって、的確に語るのである。最初の命題の中にも、すでに意味はある。しかしそこから、意味は真理を期待していないという結論を引き出すならば、間違いを犯すことになるだろう。意味が真理を期待していないというのは、真理を予期しているというかぎりでのことであり、意味は、真理の予測＝先取《アンティシパシオン》りとして真理に先立っているにすぎないのである。実のところ〔真理において〕、「後で」見込まれる成就を予告するテロスが、対象への関係としての意味を、すでに前もって開始していたのだ。それが、正常さという概念がフッサールの記述の中に介入するたびに意味していることなのである。〔正常さの《ノルマリテ》〕規範《ノルム》は認識であり、その対象に対する十全な直観であり、判明であるばかりか「明晰な」明証性[134]である。つまりその生の充実の中で、その生き生きした現在の充実の中で、それ自身が自己へと現前しているような意識への、意味の、充実した現前性である。だから、「純粋論理文法」の厳密さと斬新さを見誤ることなく、それを合理的文法という古典的企て《プロジェ》と比較した場合に呈示しうる利点を忘れずに、その「形式性《フォルマリテ》」が限定されたものだということを、充分に認めなければならない。やがて『形式論理学と超越論的論理学』の中で、純粋論理文法を、つまり意味作用の純粋形式学《モルフォロジー》を規定することになる判断の純粋形式学についても、同様にそう言うことができるだろう。形式的《フォルメル》な〔形相的な〕ものの純化は、対象への関係に基づいてそれ自身規定される意味の概念にならって行なわれる。形式とは、つねに意味の形式であり、意味は、対象への関係という認識的志向性の中でしか開始されない。形式は、この志向性の空虚、この志向性の純粋志向作用にすぎない。たぶん純粋文法のどんな企てもこれを免れないだろうし、認識的合理性のテロスは、純粋文法という観念の還元不可能な根源であるかもしれない。たぶん意味論的な主題は、どれほど「空虚な」ものであれ、つねに形式主義的企てを限定しているのかもしれない。いずれにせよ、フッサールにおいて超越論的直観主義は、依然として形式主義的主題に著しい影響を及ぼしているのである。意味作用〔記号作用〕の「純粋な」諸形式は、見たところ充実する直観とは無関係に見えるが、「空虚な」、抹消された意味として、つねに対象への関係という認識論的基準によって規制されているのである。「円は四角である」と「緑であるあるいは」あるいは「アブラカダブラ」とのあいだの差異（さらにフッサールは、後の二つの例をやや性急に近づけており、たぶんその差異に充分な注意をはらっていないかもしれない）は、対象への関係という、また統一的な直観という形式が、最初の例にしか現出しないということである。この思念は、この場合はつねに裏切られることになるだろう。だがこの命題が意味を持つのは、ある別の内容が、この形式（SはPである）の中に滑り込んだ場合には、われわれに対象を認識させ、確かめさせることが可能だという、ただそれだけの理由からなのである。「円は四角である」は、意味を備えた（sinnvoll）表現ではあるが、どんな対象も持つことはありえない。しかし、その文法的形式が対象への関係の可能性を許容するかぎりでのみ、その表現は意味を持つのである。最も伝統的な哲学的身ぶり《ジェスト》に従って、前もって客観性＝対象性としての真理に基づいて意味一般を規定しておかなかったとしたら、こうした規則に従わない、つまりどんな認識も約束しない記号の有効性と形式は、無‐意味（Unsinn）として規定されることができない。さもなければ、こうした認識文法の法則に違反し、決してそれには還元されないあらゆる詩的言語を、絶対的な無‐意味の中に投げ捨てなければならないことになるだろう。「アブラカダブラ」や「緑であるあるいは」といったタイプの言述の場合と同様に、非言述的な意味作用の諸形式（音楽、非文学的芸術一般）の中には、どんな対象に向けても合図することのない意味の資源が内蔵されている。フッサールは、そのような形成《フォルマシオン》の意味作用の力を否定せずに、ただそのように形成されたものに対しては、意味を備えた表現という、つまり対象への関係としての論理という形式的性質だけを拒絶することになるだろう。それは、意味が知に対して、ロゴスが対象性に対して、言語が理性に対して行なう最初の限定作用《リミタシオン》を認めることなのである。

*　　*　　*

意味、イデア性、客観性＝対象性、真理、直観、知覚、表現といった概念の体系的な相関性を、われわれは思い知らされた。そうした諸概念の共通の母胎は、現前性としての存在である。つまり自己同一性の絶対的な近さであり、反復のために使われる対象が〈目の前に‐存在すること〉であり、時間的な現在が保持されることであって、その時間的な現在のイデア的形式が、超越論的な生の〈自己への現前性〉であり、その超越論的な生のイデア的同一性が、イデア的ニ無限に反復を可能にするのである。だから、主体〔主語〕と属性〔属詞〕に分離することのできない概念である〈生き生きした‐現在〉は、形而上学としての現象学を創設する概念なのである。

しかしながら、この概念のもとに純粋に思考されるものはすべて、同時にイデア性として規定されるのだから、〈生き生きした‐現在〉は、事実上は、つまり現実的、実際的等々においては、無限に差延される。この差延《ディフェランス》は、イデア性と非‐イデア性のあいだの差異《ディフェランス》である。われわれにとって関心のある観点からすると、それは、『論理学研究』の冒頭からすでに確認することのできる命題である。そういうわけでフッサールは、客観的な表現と本質的に主観的な表現[135]のあいだの本質的区別を提起したあとで、絶対的イデア性は客観的表現の側にしかありえないことを明らかにしている。そのことは、何も驚くにはあたらない。しかし彼はすぐに、本質的に主観的な表現においても、動揺は表現の客観的な内容（Bedeutung〔意‐味〕）にあるのではなくて、意‐味する（bedeuten）作用だけにあることをつけ加えているのである。そのことによってフッサールは、見かけは彼の以前の論証に反して、主観的表現においては、つねにその内容は客観的な内容によって、したがってイデア的な内容によって置き換えられるという結論を引き出すことができるのである。その場合、ただ作用だけが、イデア性に代わって失われるのである。しかしこの置き換え（ついでに言っておけば、それは、われわれが〈私〉における生と死の戯れ＝活動《ジュ》について述べたことを、さらに裏づけることになるだろう）は、イデア的である。イデア的なものは、フッサールによって、つねにカント的な意味での〈理念《イデー》〉〔訳註(28)参照〕という形で考えられているので、こうして非‐イデア性をイデア性に、非《ノン》‐客観性《オブジェクティヴィテ》を客観性に置き換えることは、無限に差延される。動揺の起源は主観的なものだとするフッサールは、動揺はBedeutung〔意‐味〕

の客観的内容に属しているので、客観的内容のイデア性を損なうというような理論に異議を唱えて、次のように書いている。「そのような見解が納得のいくものではないということを、充分に認めざるをえないだろう。状況に応じてそのBedeutung〔意‐味〕の方向を決める主観的表現が、ある特定の場合に思念する内容は、確固とした表現の内容というのとまったく同じ意味で、イデア的なBedeutung〔意‐味〕の統一体である。それは、次のようなことによって明らかに示される。つまりイデア的に言えば、どんな主観的表現も、ある決まった瞬間にその表現に帰属するBedeutung〔意‐味〕の志向作用〔＝意‐味志向〕を同一のままに保つならば、客観的表現によって置き換えられうるのである。実を言うと、ここでわれわれは、この置き換えが、ただたんに実用的な必要性という理由から、たとえばその煩雑さのせいで実行されることができないというだけではなくて、かなりの程度まで、事実上は実現可能ではないということ、さらにはこれからもつねに実現不可能でありつづけるだろうということも認めなければならない。たしかに、どんな主観的表現も客観的表現によって置き換えられると主張するとき、結局のところわれわれが、客観的理性の限界のなさ（Schrankenlosigkeit〔無限界性〕）をそのように言い表わしているにすぎないことは、明らかである。存在するものはすべて「それ自体として」認識可能であり、その存在は、その内容に関して明確に規定された存在、しかじかの「真理それ自体」を拠り所とする存在である……。しかし、それ自体として明瞭に規定されているものは、客観的に規定されることができるはずであり、客観的に規定されることができるものは、イデア的に言えば、明瞭に規定された言葉のBedeutungen〔意-味〕において表現されることができるのである……。しかしわれわれは、この理想〔イデア的なもの〕から無限に遠ざけられている……。本質的に偶因的な語〔訳註(103)参照〕をわれわれの言語から削除すること、そしてなんらかの主観的経験を、一義的で客観的に確定されたし方で記述しようと試みること。その種のどんな試みも、明らかに徒労である」(第二八節)(*47)。『幾何学の起源』が、到達不可能な理想《イデアル》としての客観的表現の一義性に関するこうした命題を、文字どおり同一の形で再び取り上げることになるだろう。

だから「本質的区別」の体系全体は、そのイデア的価値において、純粋に目的論的な構造なのである。同時に、記号と非-記号、言語的記号と非言語的記号、表現と指標作用、イデア性と非-イデア性、主観=主体と対象=客体、文法性と非-文法性、純粋文法性と経験的文法性、一般的純粋文法性と論理的純粋文法性、志向作用と直観等々を区別する可能性、そうした純然たる可能性は、無限に差延される。したがって、この「本質的区別」は、次のようなアポリアの中に捉えられている。つまり事実上、現実的ニハ〔realiter〕、この区別は一度も尊重されたことがないということを、フッサールは認めている。権利上、そしてイデア的ニハ〔idealiter〕、この区別は消失する。というのも、それは区別として、権利と事実〔訳註（51）参照〕、イデア性と実在性のあいだの差異を元手にしているにすぎないからである。その可能性は、その不可能性なのである。

しかしこの差異《ディフェランス》は、どのようにして思考されるのだろうか。「無限に」とは、この場合どういう意味だろうか。無限の差延《ディフェランス》としての現前性とは、どういう意味だろうか。無限の差延としての生き生きした現在《プレザン・ヴィヴァン》の生とは、どういう意味だろうか。

フッサールがつねに無限性をカント的な意味での〈理念《イデー》〉として、「無限に」の無際限性[136]として考えてきたこと、そのことは、フッサールが差異を臨在《パルーシア》[137]の充実から、つまり肯定的無限[138]の充実した現前性から逸脱させたことは一度もないということ、そして、ある無限の概念が、〈ロゴス〉の中で、自己のもとに現前することとしての、ある種の「絶対知[139]」の成就を、彼が一度も信じたことがないということを確信させる。そして、彼が時間化《タンポラリザシオン》の運動についてわれわれに明らかにしていることは、この問題に関してどんな疑念も残さない。フッサールは、「分節化《アルティキュラシオン》」を、つまり意味と記号の構成における差異の「弁別的な《ディアクリティック》」働きを主題にしたことはなかったけれども、その必要性を根底から認めていたのである。それでもやはり、現象学の言述《ディスクール》全体は、われわれが充分に検討したように、飽くことなく差異を逸脱《デリヴェ》させようと四苦八苦している現前性の形而上学の図式《シェーマ》の中に捉えられている。この図式の内部では、ヘーゲル主義の方がいっそう根底的であるように見える。とりわけヘーゲルが、差延《ディフェランス》の無際限性がそのようなものとして立ち現われるために、肯定的無限が思考されなければならないということ（このことは、肯定的無限が自分で自分自身を思考するのでなければ不可能である）を明らかにしている点で。ヘーゲルによるカント批判は、おそらくフッサールに対しても該当するだろう。しかし、無限の差延《ディフェランス》としての〈イデア的なもの〉のこうした立ち現われ《アパレートル》（＝現出）は、一般に死への関係の中でしか生じない。ただ〈私《マ》の‐死《モール》〉への関係だけが、現前性の無限の差延を現出させることができるのである。同時にまた、肯定的無限のイデア性と比較すれば、〈私の‐死〉へのこうした関係は、有限の経験的事象の偶有性《アクシダン》になる。無限の差延の立ち現われは、それ自身有限である。したがって、この関係の外では何ものでもない差延は、自己への、そして自己の死への本質的関係としての生の有限性になる。無限の差延は、有限である。だからそれを、有限性と無限性、不在と現前性、否定と肯定という対立の中で考えることは、もはやできないのだ。

この意味で、現前性の形而上学の内部では、つまり対象の現前性の知としての哲学、意識の中で知が〈自己‐の‐もとに‐あること〉としての哲学の内部では、歴史の終焉ではないにしても、歴史の閉鎖としての絶対知を、われわれはなんのためらいもなく信じている。われわれは、文字どおりそれを信じている。そして、そのような閉鎖が起こったということを信じているのである。現前性としての、絶対知の中での〈自己への現前性〉としての存在の歴史、パルーシア〔臨在〕の無限性における〈自己（の）意識〉としての存在の歴史、この歴史は閉じている。現前性の歴史は、閉じている。というのも「歴史」は、存在の現前化（Gegenwärtigung）であり、知と支配《メトリーズ》の技法として、存在者を現前性の中に産出し、収集することであって、いまだかつてそれ以外のことを意味したことがないからである。充実した現前性は、意‐識〔共《コン》‐知識《シアンス》〕における〈自己自身への絶対的現前性〉としての無限性を使命としているのだから、絶対知の成就は、無限の——差延《ディフェランス》なき声における、概念とロゴスと意識の統一体《ユニテ》でしかありえない無限の——終焉なのである。形而上学の歴史は、絶対的な〈自分が語るのを‐聞き‐たい〉ということである。この無限の絶対が、それ自身の死として立ち現われるとき、この歴史は閉じられる。差延なき声、エクリチュールなき声は、絶対的に生きていると同時に絶対的に死んでいる。

そのとき絶対知の「彼方で」「始まる」もののために、古い記号の記憶を通して自分を探し求めている前代未聞の思想が要請される。差延《ディフェランス》が、現前性に基づいて思考されるべきか、それとも現前性よりも前に思考されるべきかと問われるような概念にとどまっているかぎり、それは依然としてそうした古い記号の一つにとどまっている。そしてその記号はわれわれに、知の閉域＝囲い《クロチュール》の中で、際限なく現前性を探索しつづけなければならないと告げている。それをそのように、また別のし方で聞かなければならない。別のし方で、つまり知にも、また来るべき知としての非‐知にも開かれていないような前代未聞の問いの開始の中で聞かなければならない。そうした問いの開始の中では、われわれはもはや知らない。[140] そのことは、われわれが何も知らないということを意味しているのではなくて、われわれが絶対知の彼方（そしてその倫理的、審美的、あるいは宗教的体系の彼方）にいて、絶対知の閉域＝囲い《クロチュール》がそれに基づいて告知され、決定されるものの方に向かっているということを意味しているのだ。そのような問いは、正当にも、何も意味しない（言おうとしない）[141]ように、もはや意-味の体系には属していないように聞こえるだろう。

だから、単純な現前化から逸脱=派生《デリヴェ》し、変様した再《ル》-現前化《プレザンタシオン》として、「代補《シュプレマン》」「記号」「エクリチュール」「痕跡」としてつねに現前してきたものが、必然的に非-歴史的な、しかし新たに非-歴史的な意味で、現前性よりも、また真理の体系よりも「古い」もので「ある」のかどうか、「歴史」よりも「古い」もので「ある」のかないのか、われわれはもはや知らない。意味や諸々の意味よりも「古く」、したがって根源的・能与的直観（訳註（9）参照）よりも、「事象そのもの」の顕在的で充実した知覚よりも、また見ること、聞くこと、触れることよりも、しかも「感じられる」という字義どおりの意味と、哲学の全歴史を舞台とする隠喩的な上演とに区別されるよりも前の、見ること、聞くこと、触れることよりも「古い」もので「ある」のかないのか、われわれはもはや知らない。だから、「記号」や「表象=代理《ルプレザンタシオン》（再-現前化）」といった古い名のもとに、偶有的《アクシダン》なもの、変様《モディフィカシオン》、そして回《ル》-帰《トウール》として、つねに還元=抹消《レデュイール》され、引き下げられてきたものが、真理をその根源にも、また同様にそれ自身の死にも関係づけているものを鎮圧したのかしないのか、われわれはもはや知らない。Vergegenwärtigung

〔準現在化＝再現前化〕の中でGegenwärtigung〔現在化＝現前化〕は、そのようなものとして自分を再《ル》‐現前化《プレザンテ》するために自分を脱《デ》‐現前化《プレザンテ》するのであるが、そのVergegenwärtigung〔再‐現前化〕の力が、また代補《シュプレマン》の中で再‐現前化される生き生きした現在の反復の力——生き生きした現在が自分自身に現前したことは一度もないのだから——が、そしてわれわれが力とか差延といった古い名で呼ぶものが、「根源的なもの」よりも「古くからのもの」であるのかないのか、われわれはもはや知らない。

こうした年齢を思考するためには、またそれについて「語る」ためには、記号だとか表象＝代理だとかいう名とは別の名が必要だろう。特殊で、偶有的で、従属的で、二次的な経験として、フッサールが切り離すことができると思っているものを、「正常」で、前‐根源的なものとして思考しなければならないだろう。つまり、諸々の再‐現前化（Vergegenwärtigungen）を始まりも終わりもなく互いに連鎖させる、彷徨と場面転換（Verwandlung）としての記号の際限のない逸脱《デリーヴ》＝漂流の経験を、「正常」で、前‐根源的なものとして思考しなければならないだろう。知覚などというものは、これまでに一度も存在しなかったのであり、「現前化《プレザンタシオン》」とは、その誕生あるいはその死であることが願われている表象《ルプレザンタシオン》＝代理〔再現前化〕の再現前化《ルプレザンタシオン》〔表象＝代理〕なのである。

おそらくすべては、こうして始まったのだ。「ある名前が口に出されると、われわれはドレスデンの画廊を思い起こす……。われわれはいくつかの展示室を彷徨《さまよ》う……。一枚のテニールスの絵に……ある画廊が描かれている……。その絵の中の画廊に飾られた絵のどれにもまた、今度は何枚かの絵が描かれていて、よく見るとそこには、それぞれの題名《キャプション》が判読できる、等々」〔『イデーンI』第一〇〇節〕。

おそらくこうした状況より前には、何も起こらなかっただろう。間違いなく何ものも、こうした状況を中断することはないだろう。こうした状況は、フッサールの望みどおりに、直観や現前化の中には含まれていない(142)。現前性の白日のもと、画廊の外では、どんな知覚もわれわれに与えられず、間違いなく約束されない。画廊は、みずからの内にその出口を含み込んだ迷宮である。われわれは、フッサールがそこで記述しているような、経験の特殊な一ケースに突き当たったわけでは決してないのである。

だから残されているのは、現前性の輝きを代補するために語ること、回廊に声を響かせることである。声《フオネーム》と響《アクメーヌ》きは(143)、迷宮の現象なのである。それが、声《フオネー》のケースだ。現前性の太陽に向かって上昇する声《ヴオワ》は、イカロスの道《ヴオワ》(144)なのである。

そして現象学——それはつねに知覚の現象学である——がわれわれに信じさせようと

したことに反して、われわれの欲望が信じずにはいられなくなっていることに反して、事象そのものは、つねに逃げ去るのである。

もう少し先の箇所で、フッサールがわれわれに与える保証に反して、「視線」は「とどまる」ことができない。(145)

原註

＊43　もちろん、フッサールの見解。おそらくそのことは、たとえば中世のいくつかの試みよりも、実際にフッサールが論駁しているような近代の諸理論について当てはまるだろう。中世の試みについては、フッサールは、『形式論理学と超越論的論理学』の中で、トーマス・フォン・エアフルトの『思弁的文法』に簡潔に触れた以外、ほとんど一度も参照していない

＊44　「表現がその対象性《オブジェクティヴィテ》に対して実現している関係においては、意味によって生気づけられた表現は、Bedeutung〔意‐味〕の充実作用と一体化している（eint sich)。まず語の音響がBedeutung〔意-味〕の志向作用と一体になり（ist einst mit)、ついでそのBedeutung〔意-味〕の志向作用が（一般に志向作用がその充実作用と一体化するのと同じし方で）それに対応するBedeutung〔意-味〕の充実作用と一体化するのである」（第九節）。さらにフッサールは、第一〇節の冒頭で、この統一体《ユニテ》は、「同時性」における単なる「共同＝存在」ではなくて、「緊密に融合した統一体」であることを明確にすることになる。

＊45「われわれは、知覚の言表においても、あらゆる言表の場合と同様に、内容と対象のあいだに区別を設け、しかも内容によって、聞く者が自分自身は知覚していないにもかかわらず、正確に把握することができる同一のBedeutung〔意-味〕が理解されることになるのである」（第一四節）。

＊46「孤独な言述〔独り言〕においては、私のBedeutung〔意-味〕は、本質的にわれわれ自身の人格の直接的な表象の中で実現されるのであり、したがって伝達的な言述におけるこの語のBedeutung〔意-味〕もまた、まさしくそこに存するのである。対話者はそれぞれ自分の私《モワ》の表象を（したがって私についての自分の個人的な概念を）持っており、それゆえこの語のBedeutung〔意-味〕は、それぞれの個々人によって異なるのである」（第二六節）。この個人的な概念と、それぞれの個々人によっ

て異なるこの「Bedeutung〔意-味〕」を前にして、驚かずにはいられないだろう。さらにここでは、その驚きは、フッサールの前提そのものによってさらに助長されるのである。フッサールはこう続けている。「しかしどんな人も、自分自身について語るときには、私と言うので、この語は、普遍的に有効な指標という性格を有しているのである……」等々。

＊47　仏訳の中で、われわれは、Bedeutung〔意-味〕というドイツ語の原語を明示し、二箇所の文章を強調した。

訳註

フッサールの著作をはじめ、引用は、原則として邦訳書によるが、その際に、邦訳書の体裁、表記をできるかぎり尊重した。ただし〔 〕だけは訳者（林）による訳註のために確保し、それぞれの邦訳の訳註は［ ］に入れて統一した。

（1）**志向的あるいはノエマ的意味**　フッサールによれば、「およそいかなる意識体験も、それ自身で何ものかについての意識」（『デカルト的省察』浜渦辰二訳、岩波文庫、六八頁）であり、意識のこうした特徴が「志向性」と呼ばれる。意識の作用的側面がノエシス、対象的側面がノエマである。「ノエマ的意味」とは、端的に言えば、意識に対して、事象が「意味」として立ち現われることである。「いかなる志向的体験もみな、或るノエマを持ち、そのノエマにおいて或る意味を持ち、この意味を介して、その体験は、対象へと関係するものである」(『イデーンI-II』渡辺二郎訳、みすず書房、二七一頁)。

(2) **判断の純粋形式学と整合性論理学** フッサールは、『形式論理学と超越論的論理学』(一九二九年)において、論理学を、判断の構成規則を特定する第一層「純粋形式学」、論理の整合性を問題にする第二層「整合性論理学」、形式的真理性を問題にする第三層「形式的真理論理学」の三層に区別した。

(3) **学一般《シアンス》** フッサールは、現象学を、諸学を基礎づける「本質学」「厳密学」として構想していた。「フッサールの哲学が一般にわれわれ日本人にとって馴染みにくい一つの要因は、かれの哲学の核心にひそむこうした学 Wissenschaft の理念にあるのではないであろうか。言葉の根源的な意味で自然主義的といってよい生活感情をもつわれわれにとっては、学問的認識といっても、それは精密度なり有効性なりの比較的高い知識といった程度のものであろう。ところが近代ヨーロッパの哲学者たちにとっては、「学」とは神のロゴスないしその顕現ともいうべき世界の理性的秩序の相関者なのであって、究極的な根拠をもつ知識の体系である。Wissenschaft という言葉は、もともと知識 Wissen に集合名詞を示す後綴 -schaft が付いたものであるが、本性上真であることを主張するすべての知識はその根拠となる他の知識をもとめるといったかたちで相互に根拠づけの連関をなし、最終的には究極的な根拠に支えられた厳密な体系をなすべきものなのである」（木田元著『現象学』岩波新書、一九七〇年、三八頁）。

（4）演繹論的あるいは法則論的《ノモロジック》限界　演繹論はカントの批判哲学の用語。感性、構想力、統覚（悟性）といった心的諸能力の活動が、カテゴリーや道徳法則のような、超経験的でアプリオリな認識を可能にする諸条件を解明することを目的とする。法則論《ノモロジー》は、ギリシア語のノモス（法、法則）から作られた用語で、カール・ヘンペルやパウル・オッペンハイマーによれば、法則論的《ノモロジコ》＝演繹《デデュクティヴ》的説明は、自然科学にも社会科学にも該当する「諸学における説明の基本モデル」である。その基本モデルを簡略に示せば、一、ある条件下で、ある特性が現存するときには別の特性も現存するという一般的な法則が成立し、二、ある個物が、実際に第一の特性を持つことが認められるならば、三、その個物は、必ずあるいはおそらく第二の特性を持つと演繹されるのである。

（5）『幾何学の起源』　デリダは、フッサールの『幾何学の起源』を仏訳し、本文の四倍にも及ぶ「序説」を付して刊行している（フランス大学出版、一九六二年）。

（6）形相的および現象学的還元　事物や世界が実在していると素朴に信じる自然的な態度を停止し、括弧に入れる《エポケー》操作が「現象学的還元」である。事物の意識への立ち現われ（「現象」あるいは「事象そのもの」）を記述する現象学にとって、現象学的還元は根本的な態度であり、基本的な手続きであった。一方現象学は、個別的な事実の経験的直観を普遍的な本質の直観へと転化する「本質直観」の学でもあった。この手続きが「形相的還元」と呼ばれる。フッサールの現象学においては、形相的還元を行なってから現象学的還元に進む場合もあるし、現象学的還元を行なってから形相的還元に進む場合もあることが指摘されている。

（7）**現象学的還元という用語の誕生**　フッサールが現象学的還元の着想を得たのは一九〇五年夏のことだと言われているが、一九〇七年にゲッチンゲン大学で行なわれた五つの講義（『現象学の理念』）の中で、はじめて公に言明された。

（8）**「諸原理の原理」**　フッサールは、『イデーンI-I』（渡辺二郎訳、みすず書房）の第二四節「一切の諸原理の、原理」の中で、「すべての原的に（根源的に）与える働きをする直観こそは、認識の正当性の源泉であるということ、つまり、われわれに対し「直観」のうちで原的に、（いわばその生身のありありとした現実性において）呈示されてくるすべてのものは、それが自分を与えてくるとおりのままに、しかしまた、それがその際自分を与えてくる限界内においてのみ、端的に受け取られねばならないということ」（二一七頁）を「一切の諸原理の原理」だとしている。この意味で、現象学は「直観」の学だと言うことができるが、知覚に代表される感性的、経験的直観は、それを想像のうちで自由に変様させること（自由変更）によって、普遍的で十全な「本質直観」

に転化されなければならないと、フッサールは考えていた。

(9) **根源的・能与的明証性** 事象がわれわれの意識に対して、「直観」のうちで根源的に自分を与える働き〔訳註(8)参照〕が、「根源的能与性」であり、この「根源的能与性」に対する主観の側からの「理性的定立」(「確実なもの」として確信すること)が「根源的明証性」と呼ばれる。

(10) **現前あるいは現在** 根源的直観に対して、事象が「根源的能与性」として立ち現われることが「現前」であり、その時間的な在り方が「現在」である。なお本翻訳では、原則的に présent(名詞)を「現在」、présent(形容詞)を「現前する」、présence を「現前」「現前性」「現前すること」、présentation を「現前化」と訳してある。

(11) **第一哲学** アリストテレスは、個別的、感覚的なものから普遍的、究極的な原理、原因に遡って探求する自らの学(形而上学)を「第一哲学 philosophia prōtē」と呼んだが、フッサールが念頭に置いているのはこれである。前掲『イデーンI-I』の「緒論」で、フッサールは、「絶対的認識という理念を実現することがその理念となっているような真正の哲学は、純粋現象学のうちに根ざすものであるということ、しかもそれはきわめて真剣な意味において言われているのであって、つまり、一切の哲学のうちの第一哲学であるこの純粋現象学を体系的厳密さにおいて基礎づけかつまた展開することこそは、あらゆる形而上学およびその他の哲学――「将来、学として登場しうるであろう」――そうしたものすべてに対する、不断の前提条件であるということ、これである」（五六頁）と述べている。

(12) **必当然的な** 前掲『イデーンI－II』の第一三七節では、「何らかの個的なものをいわば「実然的」〔＝蓋然的《がいぜん》 assertorisch〕に見るという作用、例えば、或る事物なり或る個的な事態なりを「認知する」という作用は、その理性性格において本質的に、「必当然的」〔apodiktisch〕に見るという作用、つまり、或る本質なり本質態〔形相的《エイデテイツク》事態〕なりを洞察するという作用からは、区別される」（二八三頁）と言われているので、「必当然性」とは、「本質直観」の明証性を表わすものだと考えられる。なお前掲『デカルト的省察』では、「必当然的明証性」（訳註（8）参照）は「疑いの余地がない明証」と訳されており、その明証は、「次のような際立った特徴をもっている」とされる。「それは、単におよそそのうちで明証的な事象や事態が存在することの確実性であるだけでなく、批判的な反省によって、同時に存在しない可能性が端的に考えられないようなものとして露呈される、という特徴である。それゆえまた、想像できるあらゆる疑いをいわれのないものとして初めから排除する、という特徴である。その際、この批判的反省がもつ明証、それゆえまた、明証的に確実とされたものが存在しないことは考えられないような存在についての明証は、疑いの余地がないという、この権威を再びもっており、より高次のどのような批判的反省においてもそうである」（四〇頁）。

(13) **イデア性（理念性）** プラトンの「イデア」、カントの「理念《イデー》」に由来する概念であるが、フッサールは『論理学研究』において、「ここでいま (hic et nunc) 動機づけによって結合される諸判断を超えて、同じ内容のすべての判断を、更には同じ《形式》のすべての判断を超経験的普遍的に総括するのが、イデア的合法則性である」（『論理学研究2』立松弘孝・松井良和・赤松宏訳、みすず書房、三六頁）として、「実際純粋論理学は、たとえどこで概念、判断、推論を取り扱おうと、われわれがここで意味と呼んでいるイデア的統一体のみを問題にしているのである」（同前、一〇二頁）と述べている。

(14) **実在的** フッサールは、『論理学研究』の中で、「実在的な《レアール》」事物とは「一つの〈ここといま〉〔＝空間時間的に限定されたもの〕である」として、「実在性《レアリテート》の特徴的な徴表としてはわれわれには時間性で十分である。実在的な存在と時間的存在はなるほど同一の概念ではないが、外延の等しい概念である。〔……〕実在性はまさに時間性によって定義されるべきである。なぜならここでただ一つ重要なことは、「実在的なものの存在性格を」イデア的なものの非時間的《存在》と明確に対照させることだからである」（前掲『論理学研究2』一三八頁。ただし「リアルな」を「実在的な」に変えた）と述べている。しかし、「実在的なもの《レアール》」を単に意識の外にある外界の事物だと考えてはならない。「意識の《中》も《外》と全く同様実在的と看做される」（同前）からである。なお本翻訳においては、原則としてréelを「実在的な」（まれに「現実の」）、réalitéを「実在性」（まれに「現実性」）と、またexisterを「実在する」、existantを「実在するもの」、existenceを「現実存在」と訳してある。

（15）**叡智《えいち》的対象**　プラトン以来の哲学においては、現象が知覚的、感覚的認識の対象であるのに対して、意識や理性の直観的認識の対象となるものが叡智的対象である。

（16）**非-内世界《ムンダーン》性**　フッサールの現象学においては、「内世界的《ムンダーン》」は「超越論的」の対概念である。自然的自我は、世界の中で、世界に帰属しているという意味で「内世界的」であるが、世界が存在することを素朴に信じる自然的態度を遮断《しゃだん》する現象学的還元のあとでは、「現象学的残余」として「超越論的主観性」（「純粋自我」）が残るのだとされる。したがって、「非-内世界性」は、「超越論的主観性」の存在性格を表わしているものだと考えることができる。

（17）**生き生きした現在**　晩年のフッサールが、その「発生的現象学」において解明を企てた時間の根源。『現象学事典』（木田元ほか編、弘文堂）によれば、「フッサール現象学は、対象が意識にありありと現前している知覚場面を明証的認識の最高の範例として立てる。

したがって還元とはまずもって知覚の「現在」へ向けての還元でもある。この現在は、すでに初期時間論において示されたように、(過去)把持と(未来)予持によって形成された二つの地平(過去地平と未来地平)に取り囲まれ、連続的にそれらと融合する一定の幅をもつものである。しかし今や現象学的反省は、超越論的主観性としての意識の作動しつつあるまったき現在(原初的・現様態的現在)へと遡り、超越論的主観性そのものの機能現在を解明しなければならない。この原初的現在こそが、現象学が依拠するあらゆる明証性の根源であるはずだからである。これが現象学的反省の作動しつつある現在への「徹底した還元」であり、この還元において先の過去地平と未来地平は括弧に入れられることになる。しかし、この還元は単に時間位置の一つとしての「現在」を取り出すにとどまるものではない。なぜなら、知覚対象をノエマとして構成しているノエシスとしての内的意識流は、それ自身時間的経過をもった被構成体である以上、この意識流をそうしたものとして構成する根源へと向けて還元はさらに繰り返されねばならず、こうして確保された〈構成する根源〉は、時間的被構成体としての意識流(の現在)にさらに〈先立つ〉何か〈非時間的なもの〉という性格を帯びてくるからである。後期時間論において現れた「生き生きした現在」とはこうした〈構成する根源〉のことにほかならない」(「生き生きした現在」の項)。

（18）**再-現前化（Vergegenwärtigung〔準現在化〕）** フッサールの時間論において、「時間化」の運動は、「現在化」（あるいは「現前化」）と「準現在化」（あるいは「再現前化」）によって行なわれる。たとえば知覚の場合のように、対象が今ここで直接にありありと現前すること（「根源的能与性」）が「現在化 Gegenwärtigung」あるいは「現前化 Präsentation」であり、記憶や想像や予期のように、現にない対象が想起によって現前することが「準現在化 Vergegenwärtigung」あるいは「再現前化 Repräsentation」である（デリダは、本書において、「再現前化」と「準現在化」を区別しておらず、つねに前者の意味で後者を使っている）。フッサールによれば、「現在」は、「過去把持《はじ》―原印象―未来予持《よじ》」という時間的な幅と拡がりを持つものとして考えられているが、「たった今過ぎ去ったもの」をなおも「現在」のうちに保持する働きである「過去把持 Retention」（点的な「今」である「原印象」の「彗星《すいせい》の尾」にたとえられる）は、それ自身のうちにさらに先行する過去把持を保持しており、その過去把持もまたさらに先行する過去把持を保持しているという具合に無限の連鎖を形成しているのであって、その無限の連鎖においていつしか過去に「移行」したものが、いわゆる「過去」として「再想起」（「再現前化」あるいは「準現在化」）されるのである（方向を反転させれば「未来予持」の場合も同様）。したがって、「過去把持」は、「現在」を構成する「現前化」の経験であるとともに、「過去」の「再現前化」（「準現在化」）を可能にするものでもあるから、「過去把持」を「現在」に取り込むことによって、「現前化」（「現在化」）と「再現前化」（「準現在化」）を隔てる境界が曖昧になってしまうのである。

(19) **付帯現前化（共現前化）** 方法的独我論とも言うべきフッサールの超越論的現象学にとって、「他者」あるいは「他我 alter ego」の問題は最大の難問だった。その「他我構成」の理論の概略は、次のようなものである。①原構成——「超越論的主観性」（「純粋自我」）の時間的な自己構成。②原初的構成——「他者」にかかわるいっさいのものを捨象した「固有領域」において、「自我」により世界が構成される。③類比的統握——「固有領域」に現われた物体が「私の身体」との類似性によって「対《つい》化」されて、「他者の身体」という意味を帯びる。④付帯現前化 Appräsentation ——「私」の「自己移入」（「感情移入」）によって、「他者」の体験が付帯的に（ともに現前するものとして）現前化される。⑤間主観的（相互主観的）構成——「私」の構成する世界と「他者」の構成する世界とが同一の「間主観的世界」（「モナド共同体」）であることが確信される。しかし、すでにハイデガーが『存在と時間』第二六節で指摘しているように、「まず「自我」に特別な地位を与えて孤立させ、そしてこのように孤立した主観を出発点として、ほかの人びとへ移行する」ような態度、「まず存在している自分の主観を、ほかにも出現している多くの主観から区別して、あらかじめ把握するという態度では、ほかの人びとは出会わない」(『存在と時間』上、細谷貞雄訳、ちくま学芸文庫、二六〇〜二六一頁)ということは明白である。モーリス・メルロ＝ポンティもまた、ソルボンヌの講義(「人間の科学と現象学」)の中で、「超越論的主観性とは、間主観性(相互主観性)にほかならない」ことを強調している。

(20) **アプリオリに**　「アプリオリ」は、アリストテレスに由来する中世スコラ哲学の用語で、「より先なるもの」の意。ここでは「再現前化」や「付帯現前化」が、論理的に「現前化」に先立っていることを表わす。なおフッサールにとって、アプリオリなものとは、端的に言って、ただ直観によってのみ把握される「本質」のことである。

(21) **基づける**　『論理学研究3』(立松弘孝・松井良和訳、みすず書房)の第三部第二章第一四節「基づけという概念およびそれに付属する諸定理」によって、次のように定義されている。「或る α そのものが、本質法則的には、それを或る μ と連繫する或る包括的統一体の中でのみ実在しうるにすぎない場合、われわれは、或る α そのものは或る μ による基づけを必要とする、と言い、または或る α そのものは或る μ によって補足される必要がある、とも言う。それゆえ、α_0、μ_0 が、前述の相互関係にある純粋類 α ないし μ の個別事例、すなわち一つの全体の中で現実化された一定の個別事例である場合には、われわれはα_0をμ_0によって基づけられていると称するのであり、しかも、α_0の補足の必要性がμ_0だけによって満たされる場合には、もっぱらμ_0によって基づけられている、と称するのである」（四九頁）。ところで「感性的ないし実在的対象」の知覚（「可能な直観の最低段階」）の場合は、「知覚作用の中で端的に構成される対象が直接把握されている。換言すれば対象それ自身が現前している。ということは、この特定の対象的内容を伴って知覚されるこの対象は〈他の諸対象を知覚させる別の諸作用に基づいて、相関化的に結合する分節された諸作用の中で構成されるのではない〉という意味においても、直接的に与えられた対象である、ということ」であって、こうした「端的な知覚作用はすべて、単独の場合も他の諸作用と一緒の場合も、その知覚作用を含む新しい諸作用や、単にそれを前提するだけの新しい諸作用の基礎作用として機能しうるのであり」、この基礎作用に基づいて、「基づけられた直観の上に次々に新しい基づけが構成されることによって、一連の基づけの階層全体（ganze Stufenfolge der Fundierung）が構成される可能性も、低次もしくは高次のそのような基づけに応じて表意的志向が形成される可能性も、更に新たな基づけによって、表意作用と直観作用の混合が、すなわちそれら二種類の作用によって組成される基づけられた作用が形成される可能性も存在している」（『論理学研究4』立松弘孝訳、みすず書房、一七〇～一七二頁。ただし「現在している」を

「現前している」に変えた）。したがってフッサールによれば、端的な知覚作用における対象の現前性だけは、何ものによっても基づけられることなく、他のすべての諸作用を「基づける価値」を保有しているわけである。

（22）**超越論的ロゴス**　ロゴスは、もともと人々の話す「言葉」という意味のギリシア語であるが、意味、概念、思想、法則といったさまざまな意味で用いられる。プラトンの『パイドロス』（藤沢令夫訳、岩波文庫、一三四〜一三七頁）の中で、ソクラテスは、声に出して語られる「言葉《ロゴス》」こそが真の「言葉」、「生命をもち、魂をもった言葉」であるのに対して、「書かれた言葉」はその「影」であり、外的な「しるし」にすぎないのだと言う。デリダは、こうした「話す言葉《パロール》」と「書く言葉《エクリチュール》」の対立が、プラトン以来の伝統的西洋哲学の「主要な構造的対立のすべてと体系《システム》をなす」ものであり、「二つの概念の境界において、哲学の創設を決定づける重要な哲学的決定のようなものがなされている」（『散種《デイセミナシオン》』所収の「プラトンのパルマケイアー」）のだと考える。

（23）**Bedeutungen**〔**意 - 味**〕　Bedeutung〔意 - 味〕の複数形。前掲邦訳『論理学研究 2』では、Sinn と Bedeutung はともに「意味」と訳されている（Bedeutung が「意義」と訳されることもある）が、デリダは、Sinn にはもっぱら sens（意味）の訳語をあて、Bedeutung にはドイツ語の原語をそのまま使うことを提案している。なお本翻訳では、いくつかの理由から、Sinnを「意味」、Bedeutungを「Bedeutung〔意-味〕」と訳してある。

(24) **言述《ディスクール》** 一連の継起する「文」からなる、「文」よりも上位のあらゆる発話《エノンセ》〔言表〕が「言述《ディスクール》discours」であり、「言説」「談話」とも訳される。なおデリダは、本書において、『論理学研究』のRede〔話〕に、「語られる言述《ディスクール・パルレ》」の訳語をあてている。

(25) **審級** もともと第一審、第二審のような、裁判の階層性を表わす法律用語。哲学上の概念、真理、思想等々が試され、批判され、争われる哲学の法廷の意。しばしば精神分析用語としてのニュアンスを伴うことがある。フロイトは、精神現象を「心的装置」という概念によって捉えようとしたが、その「心的装置」について、局所論的かつ力動的な見方をした場合の、その諸種の下部構造のおのおのを審級という」（ラプランシュ／ポンタリス著『精神分析用語辞典』〔村上仁監訳、みすず書房〕の「審級、心的力域」の項）。

(26) **充実された直観** フッサールは、意味作用《シニフィカシオン》の構造を「意味志向」と「意味充実」という作用によって解明しようとしている。「われわれが、直観を欠いた（anschauungsleer）意味志向と、充実された意味志向との間の、この根本的な区別を根底におくならば、表現が語音として現出する感性的作用を除外したあとにも、二つの作用ないし作用系列が区別されうる。すなわちその一つは、表現が一般に表現である以上、すなわち表現が意味《ジン》によって生かされた語音である以上、表現にとって本質的な作用ないし作用系列である。この作用をわれわれは、意味賦与作用（die bedeutungverleihenden Akte）ないしは意味志向（Bedeutungsintentionen）と呼んでいる。他方は、表現そのものにとってなるほど本質的ではないが、しかしその代わり意味志向を多かれ少なかれ適切に充実し（確証し、強化し、顕示し）、それによって表現の対象的関係を顕在化する（aktualisieren）という点で、表現に対して論理的に根本的な関係にある作用である。認識統一ないしは充実統一（Erkenntnis-oder Erfüllungseinheit）という形で意味賦与作用と融合するこれらの作用を、われわれは意味充実作用（bedeutungerfüllende Akte）と呼ぶ。〔……〕表現とその対象性との関係が実現されている場合には、意味《ジン》によって生かされた表現は、意味充実と一体化する。まず語音が意味志向と一体化し、次いで意味志向が（一般に志向がその充実と一体化するのと同様の仕方で）それに該当する意味充実と一体化するのである」（前掲『論理学研究2』四八～四九頁）。

(27) **顕在的な《アクチュエル》**　「表現は何かを思念し〔訳註（44）参照〕、そしてそれを思念することによって、表現は対象的なものに関係するのである。この対象的なものは、それに伴なう直観によって顕在的現在的（aktuell gegenwärtig）にか、あるいは少なくとも現前化されて（vergegenwärtigt）（たとえば想像心像のうちに）現出しうるのである。そうなった場合に、対象性への関係が実現されるのである。あるいはそうならない場合もあるが、この場合にも表現は意味的な機能を果たしているのであり、たとえ表現に対象を与える基づける直観が欠けていても、やはり表現は空虚な語音以上のものである。対象に対する表現の関係が、単なる意味志向にとどまる限り、その関係はまだ実現されてはいない。たとえば名辞は対象を思念する限り、いかなる場合にもその対象を命名している。しかし対象が直観的に現前していない場合、したがって命名されたものとしても（すなわち思念されたものとしても）現前していないような場合には、ただ単なる思念に終わってしまう。最初は空虚な意味志向が充実されることによって、対象的な関係が実現されるのであり、命名は名辞と命名されたものとの間の、顕在的に意識された関係となるのである」（前掲『論理学研究2』四八頁。ただし「現存」を「現前」に変えた）。したがって「顕在化」とは、直観による「意味充実作用」によって、対象性《オブジェクテイテ》への準拠《レフェランス》＝関係が実現されることである。

(28) **カント的な意味での〈理念《イデー》〉**　カント哲学では、個々の経験を超えているために認識はできないが、そうした諸経験を絶対的に統一するものが〈理念《イデー》〉と呼ばれる。フッサールは、前掲『イデーンI-II』の第八三節「統一的な体験流は、「理念」というありさまで、把握される」の中で、「われわれが体験流を把握するといっても、それは、体験流を、或る一つの単独の体験のように把握するというわけではないが、しかし、カント的な意味での理念という仕方でならば、われわれは体験流を把握するのである」（八三頁）と述べている。

（29） **レエール〔reell〕** フッサールの現象学の用語では、「実在的な《レアール》 real」と「実的な《レエール》 reell」は区別されなければならない。「「レアール」が実在的事物、ないしはそれに関わる領域に限定されるのに対して、ドイツ語の reell とは、本来は、「現実的、実際に」（wirklich）とか、「実際に見いだされる」（wirklich vorhanden）といった意味であるが、フッサール現象学の用語としては、現象学的反省によって、われわれの志向的体験の内に〈実際に見いだされる〉成素、つまり、その体験の内在的（immanent）な成素をいう」（前掲『現象学事典』の「レエール／イデエール」の項）。フッサールは、意識の志向的体験の内在的な成素《ベシュタント》である「感覚与件」や「ノエシス」を「実的な《レエール》 reell」構成要素として、実的でない構成要素である「ノエマ」と区別している（訳註（1）参照）。したがって「ノエマ」は、時間的・空間的に特定される「実在的な《レアール》」存在者ではないという意味でイデア的（イデアール）である（訳註（13）参照）と同時に、意識の志向的体験の「実的でない《ノン・レエール》」構成要素としてイデア的（イデエール）である。

（30） **構成元素《エレメント》** 活動の場《ミリュ》であるとともに、その活動を生じさせる構成要素《コンポザント》。

(31) **生の哲学** ディルタイ、ニーチェ、ジンメル、ベルクソンなどに代表される哲学。『哲学・思想事典』(廣松渉ほか編、岩波書店)によれば、「〈生の哲学〉の基本的発想に関しては、ディルタイのテーゼを用いて、以下のように定式化することができる。まず、①生は「根本事実」であり、「その背後に遡ることはできない」。換言すれば、体験が根源的所与であり、哲学はそこから出発しなければならない。②思惟や理性は、生を基礎づけることはできず、むしろ生を基盤にして成立する。したがって、生を理性の法廷において裁くのではなく、「生を生それ自身から理解する」のでなければならない。③体験は、それ自身についての直接知である。体験は内から知られている。この直接知にもとづいて、体験の本来の姿がとらえられねばならない。ただし、④「生は究め尽くしがたい」。生の儚《はかな》さや脆《もろ》さ、その暗さや深さ、不可解性や非合理性、有限性や歴史性、こうしたことがありのままに直視されねばならない。こうした基本的発想のもとで、〈生の哲学〉は、〈生〉という〈事象そのものへ〉迫っていこうとする」(「生の哲学」の項)。

(32) **「心を持たない(seelenloses)意識」** 「身体を脱却したような意識、さらにはまた、たとえいかに理窟に合わないように聞えようが、心を脱却したような意識つまり人間的身体性を心的に生気づけていないような意識、といったものまでも、十分に、たしかに考えられうるのである。換言すれば、そのうちでは、身体、心、経験的自我主観といった志向的統一態などが構成されていないような、そのような一つの体験流が、たしかに考えられうるのである。つまり、そのうちでは、そうした経験概念のすべてが、したがってまた心理学的意味における体験（客観的に実在する人格の体験としての、心を持って活動する生きものである一人の自我の体験としての、体験）といった経験概念もが、何らの支えも持たずに崩れ去り、いずれにしても何らの妥当をも持たなくなるような、そのような一つの体験流が、たしかに考えられうるのである」（前掲『イデーンI－I』二三七頁）。

（33）**形相的**《エイデティック》　今後の展開をよりよく理解するために、『現代哲学事典』（山崎正一・市川浩編、講談社現代新書）の次の解説を読んでおきたい。「プラトンでは「イデア」と「エイドス」とは、大体同じ意味に用いられる。両者とも、「見る」〔希〕ideinという動詞に由来する言葉であって「見られたもの」を意味するが、そこから転じて、見られたものの「形」「すがた」を意味する。〔……〕知恵ある人々を知恵ある人々たらしめるのは知恵そのものであり、すべての美しいものを美しいものたらしめるのは、美そのものである。このような知恵そのもの、美そのもの、善そのもの、正義そのものが、プラトンによって「イデア」または「エイドス」とよばれた。それは実現さるべき価値であり、理想であり、それに則して行為さるべき規範であり範型であった。イデアまたはエイドスというのは、プラトンによって、感情的世界の事物事象を超えた真実有としての存在であり永遠の存在であった」。これに対して「アリストテレスによれば、「形相」は個物を離れてあるのではない。「形相」は個物の形相であり個物の「形態」〔希〕morphē である。形相として限定されることにより個物ははじめて存在する。形相として限定されぬ限り個物は存在せぬ。「形相」は「現実態」〔希〕energeia（現勢態）である。形相をとる以前に個物はいかなるものであるか。無からは何ものも生じない。しかしそれは個物でない。それは個物として一定の形相をとり得るものである。一定の形相をとり一定の個物たり得るもの、即ち「可能態」〔希〕dynamis〔潜勢態〕であり、一定の形相をとり得る「素材」即ち「質料」（〔希〕hylē；〔羅〕materia；〔英〕matter；〔仏〕matière；〔独〕Materie；Stoff）であったというべきである。例えば質料としての木材が一定の形相をとって家屋となる如くである。こうして個物は「形相」と「質料」とに分析され、個物はこの両者から「合成されたもの」〔希〕to synolon であると考えられる。質料が形相をとるのは一つの運動であるが、運動には「目的」〔希〕telos がある。アリストテレスによれば、「目的」は形相にほかならぬ。質料は可能態として一定の形相をめざし目的とし、このような目的の実現として一定の個物となる。また運動には運動の原因がある。何によってこの運動が起るか。彼によれば、それも形相である。形相をめざすことが、この運動の原因である。こうしてアリストテレスにおいて、「目的因」と「始動因」（動力因・運動因）とは、結局、「形相因」に帰着し、「形相」と「質料」との二つの原理が、根本的な相関原理として明確化せられたのである」（「形相と質料」の項）。

（34）**エポケー**　フッサール現象学の基本的な方法概念で、「括弧入れ」あるいは「判断中止」などと訳される。フッサールの「現象学的還元」（訳註（6）参照）においては、まず、事物や世界が存在していると素朴に信じる自然的態度（「自然的態度の一般定立」）が遮断され、括弧《エポケー》に入れられる（「現象学的エポケー」）ことによって、「純粋に心理的なもの」の領域が露《あらわ》にされる（「現象学的心理学的還元」）。この領域を「事実学」として探究するものが「純粋心理学」（「現象学的心理学」）である。しかし現象学（「超越論的現象学」）は本来、個別的な事実の経験的直観を普遍的な本質の直観へと転化する「本質学」でなければならない。この「純粋に心理的なもの」の「本質」に対して、さらに「超越論的エポケー」を行なうこと（「超越論的現象学的還元」）によって、すべては「超越論的意識」（「超越論的主観性」）にとっての現象となるのであり、ここに出現する「超越論的主観性」の領野が「原‐領域 Urregion」と呼ばれるのである。

（35）**観照的な**《テオレティック》　「理論的な thēorêtique」の語源の theōria（観照《テオーリア》）は、ギリシア語の動詞 theōrein（見る）に由来し、「実用目的でもなく単なる娯楽でもない、純粋に事柄をそれ自体として眺め、真相を究明しようとする知的態度を意味する。アリストテレスはこうした知的欲求を人間本性に根差す傾向とし、広義の哲学が誕生する基盤と考えた。〔……〕またアリストテレスは人間の思考を理論的（theōrētikē）、実践的（praktikē）、制作的（poiētikē）に三分し、最上位の理論学をさらに自然学・数学・神学に分類する学問体系を構想した」（前掲『哲学・思想事典』の「観照」の項）。

(36) **モナド** 「ギリシア語の monas（単位、一なるもの）に由来。単子と訳される」（前掲『哲学・思想事典』の「モナド」の項）。ライプニッツによれば、「モナドは相互に独立しており、何かが出入りできるような窓がない。互いに異なった性質をもち、その作用は自己の内的原理にのみもとづく。意識的ないし無意識的な表象の作用をもち、他を映しあい、予定調和による観念的関係のみをもち、それぞれの視点から宇宙を表出する」（同前）。フッサールの「モナド」は、このライプニッツのモナド（単子）論を引き継いでおり、ここでは超越論的自我あるいは超越論的〈私〉が「モナド」なのである。

(37) **〈一者〉** 新プラトン主義の始祖プロティノスが、その著『エンネアデス』の中で提示した「流出」（「発出」）説によれば、存在するすべてのものは、「一者《ト・ヘン》」から「知性《ヌース》」、「魂《プシュケ》」、物理的世界へと、階層的に流出する。「一者」は、「あらゆる存在が派生する最高位の究極的原理」であって、「言語で表現できず、また通常の知識の対象にもなりえない」。「魂」は、「物体的素材を統合して一なる有機的身体を構成し、可感的世界と可知的世界を媒介する」が、「肉体に宿る〈魂〉が〈一者〉にまで上昇するのは、外的感覚を遮断し、内なる知性を通して自己の根拠を直観することによる」(前掲『哲学・思想事典』の「新プラトン主義」の項)とされる。

(38) 「平行論《パラレリスム》(並行論)」 ライプニッツのモナド(単子)論やスピノザ哲学においては、心と身体(あるいは物質)は直接的に作用し合うことはないが、心理的事象と物理的事象は相対応し平行(並行)する二系列を構成するのだとされる。

(39) **中立化** フッサールによれば、一般的に世界に関するわれわれの認識判断は、対象が「確実に存在する」「おそらく存在する」「存在する可能性がある」「存在することは疑わしい」といった「信念性格」あるいは「臆見的《おくけん》様相」を伴っているが、こうした「臆見的様相」を完全に無効化し、中立化する(「括弧に入れ」「宙吊りにして」「たんに思い浮かべる」)操作が、「中立性変様 Neutralitätsmodifikation」と呼ばれる。「その変様は、それが加えられるとどんな臆見的様相もみなことごとく或る種の仕方で、全く停止させられ、全く力を殺がれてしまうといった底のものである。〔……〕その変様は、いかなる「実行成果をも作り出さ」ない。その変様は、意識の上で、一切の実行成果を作り出す働きとは対蹠点に立つものであり、すなわち、実行成果を作り出す働きを中立化すること、なのである」（前掲『イデーンI-II』一七七頁）。

（40）**世界が崩壊した**　「われわれは、すべての事物的超越の本質のうちに含まれている非存在の可能性のことを、考えてみよう。そうすれば、たちどころに明らかに脳裡に閃くことがある。すなわち、意識の存在、つまりあらゆる体験流一般の存在は、事物世界が無と化せしめられることがあろうとも、なるほどそれによって必然的に変様を蒙りはするであろうが、しかしおのれ固有の現実存在に関しては何の影響も蒙らないであろうということ、これである。〔……〕したがって、いかなる実在的存在も、つまり意識にとって現出を通して呈示されかつ証示されてくるようないかなる実在的存在も、（体験流という最広義における）意識そのものの存在にとっては必然的ではないのである。内在的存在はそれゆえ、それが現実存在スルタメニハ原理的にイカナル「事物」ヲモ必要トシナイという意味において、疑いもなく、絶対的存在である。他方、超越的な「事物」の世界は、全く意識に依拠しており、しかも一つの論理的に案出された意識に、ではなく、顕在的な意識に、依拠しているのである」（前掲『イデーンI-I』二一〇～二一一頁）。

（41）**代補（代理＝補充）**　「代補《シュプレマン》」とは、何かの代わりになり、欠けたものを補うこと、あるいは代わりになり補うもの。デリダは「代補」を記号一般、言語一般の構造だと見なしているが、そこでは、代補するものが代補されるものをあとで＝遅れて《ア・ルタルドマン》産み出すという「代補の奇妙な構造」が見られる（本書の第七章「根源の代補」を参照）。

(42)「**厳密な平行論**」　このあたりの記述に関しては、前掲『デカルト的省察』の次の一節を参照。「確かに、意識についての純粋心理学は、意識についての超越論的現象学にちょうど平行するものではあるが、にもかかわらず、両者は厳密に区別されねばならない。両者を混同することは、超越論的な心理学主義［と呼ぶべき考え方］の特徴であり、それは真の哲学を不可能にするものなのだ。ここで問題になっているのは、一見すると取るに足らないことのように見えるが、実は、哲学の正しい道と間違った道とを決定的に分ける、微妙な差異の一つである。常に注意を払う必要があるのは、超越論的現象学的な研究の全体が、超越論的還元を断固として維持することと結びついており、この還元は、人間学的な研究を単なる心的生活へ抽象的に制限することと混同されてはならない、ということである。したがって、意識の心理学的な研究と意識の超越論的現象学的な研究とは、両者の記述される内容が重なることがありうるとしても、その意味は深淵を隔てるほど異なっている。一方では、存在するものとして前提された世界での所与をもっており、それらは人間の心的内容として捉えられるが、他方では、それと内容的には同じだが平行する所与について、そうした言い方はできない。というのも、世界はそもそも、現象学的態度においては現実としてではなく、ただ現実の現象としてのみ効力をもっているからである」(六七〜六八頁)。

(43) **歴史的産物** 歴史の「歴史性」は、晩年のフッサールにとって最も重要な問題の一つだった。デリダが長文の「序説」を付して翻訳刊行したフッサールの『幾何学の起源』の一節(田島節夫・矢島忠夫・鈴木修一訳、青土社、二九二頁。ただしここは仏訳からの拙訳)では、「もともと歴史とは、根源的な意味形成と意味堆積とが連帯し、相互に内含し合う生き生きとした運動以外の何ものでもない」と断言されている。「歴史的事実」と言われるものも、「必然的に、その内在的意味構造を持っている」のであって、この「われわれの歴史的現在の内にある本質的一般構造を露《あらわ》にすること」によってのみ、「真の意味での科学的歴史学」が可能になるのである。

(44) **思念《ヴィゼ》** 対象へ向かう志向作用を表わす用語。前掲邦訳『論理学研究2』の訳注では、『論理学研究』において、「〈思念する meinen〉ないし〈思念 Meinen〉という語は、〈志向する intendieren〉ないし〈志向 Intention〉の同義語として用いられていると解してさしつかえない。すなわち具体的な事物や、事物の中の個体的徴表、個体的断片などに向かう志向が個体的思念であり、それら個体的諸対象の内容や理念に向かう志向がスペチエス化的思念である」(二五九頁)ということが指摘されている。デリダはここで、とりわけ後者の「思念」を念頭に置いているものと思われる。

(45) **肉**《シエール》 フッサール後期の「生活世界」とハイデガーの「世界内存在」の思想を引き継いで現象学的身体論を展開したのは、メルロ＝ポンティだった。メルロ＝ポンティは、すでに『知覚の現象学』(一九四五年)において、精神(心)と対立する単なる物理的身体とは異なる、主体でも客体でも、対自でも即自でもないような人間の身体の「両義性」について考察していたが、遺稿となった『見えるものと見えないもの』(一九六四年)では、見える身体が見る身体でもあるという「可逆性」に着目して、「私の身体《コール》は世界と同じ肉《シエール》でできている」(滝浦静雄・木田元訳、みすず書房、三六三頁。ただし簡略にした)と言うことになる。「身体」の現象学は、メルロ＝ポンティの晩年において、「肉」の存在論にたどり着いたのである。

(46) **意味作用**《シニフィカシオン》**(記号作用)のない記号**《シーニュ》 一般に、また本翻訳においても「意味作用」と訳されるフランス語の signification は、「記号 signe」の派生語である(次註(47)の「意味されるもの《シニフィエ》 signifié」「意味するもの《シニフィアン》 signifiant」も同様)ので、「記号作用《シニフィカシオン》のない記号《シーニュ》」という言い方は、フランス語では意味をなさないのである。

(47) **意味されるもの**《シニフィエ》**のない意味するもの**《シニフィアン》 フェルディナン・ド・ソシュールの『一般言語学講義』によれば、「記号《シーニュ》 signe」とは、概念と音響的 像《イマージュ》(聴覚映像)の結合であり、ソシュールは前者を「意味されるもの《シニフィエ》 signifié」、後者を「意味するもの《シニフィアン》 signifiant」と呼ぶことを提唱している。前註（46）で述べたように、両者ともに「記号 signe」という語の派生語であるため、前者は「記号内容」、後者は「記号表現」とも訳されるが、「表現《エクスプレシオン》（Ausdruck）」との混同を避けるために、本翻訳では、この訳語は使わないことにする。「意味されるもの」と「意味するもの」のあいだに自然的な絆は存在せず、両者の結合は恣《し》意的であるが、かといって「意味するもの」のない「意味されるもの」、「意味されるもの」のない「意味するもの」が存在するわけではない。「記号」は、両者による分離不可能で統一的な結合体である。

（48）**意 - 味する〔vouloir-dire〕** vouloir dire というフランス語の熟語動詞は、人が主語であるときには「〜を言おうとする」、物が主語になるときには「〜を意味する」という意味を表わす。デリダは、ドイツ語の bedeuten（英語の mean）という動詞と Bedeutung（英語の meaning）という名詞のフランス語の訳語として、ともに vouloir-dire を用いることを提案している。なお本翻訳では、便宜的にそれぞれ bedeuten〔意 - 味する〕、Bedeutung〔意 - 味〕と表記することにする。

（49）**フレーゲが提案したように** 『論理学研究』のこの箇所には、「G・フレーゲ「意味と意義について」（Über Sinn und Bedeutung）、『哲学と哲学的批評誌』第百巻、二五頁」

というフッサールによる注がつけられている。また前掲邦訳『論理学研究2』の訳注では、「フレーゲは「われわれに対する対象の与えられ方」をSinnと呼び、「表象される対象そのもの」をBedeutungと呼んで、たとえば「宵の明星」と「明けの明星」はSinnを異にするが、Bedeutungは同じであるとしている。したがってフレーゲのいうSinnはフッサールのいうBedeutungに、そしてBedeutungはGegenstand〔対象〕に相当すると言える」（二五四頁）と説明されている。

（50）**概念を表わす名辞《テルム》**　「思考の対象について或る判断を形成する際に、その判断において結合されるところの意識に現われるその対象の像、即ち表象を、主観に於ける表象作用から切り離して捉える時、その内容を概念という。このように、概念は直接的な経験の一部を為すものであるが、その概念が言葉によって表現されたものを名辞という。従って、概念が或る表象の内容の符号であるとすれば、名辞は符号の符号であるということができる」（前掲『現代哲学事典』の「概念」の項）。

（51）**権利上の**　「事実上の」と対になる哲学用語。カントの超越論的（先験的）哲学は、事実を事実として究明する事実問題と、事実の価値や妥当性（真理性）を問題にする権利問題を峻別した。こうした観点に立つならば、フッサールの超越論的現象学は、カントの超越論的哲学の立場を徹底したものだと言うことができる。

(52)「指標」という類の種　類／種関係による分類では、たとえば生物は動物の類であり、動物は生物の種である。動物という概念（種）の外延は、生物というより上位の概念（類）の外延に含まれているからである。つまりここでは、「指標」という類に「表現」という種が包含されていると考えるわけである。

(53) **Bedeutungsintention**〔意 - 味志向〕　フッサールにとって「意 - 味志向」とは、「表現そのものにとって本質的であり、表現を意識内で、したがって記述的に、単なる語音から区別する現象学的性格」（前掲『論理学研究2』七二頁）を持つ概念だと考えられている。訳註（1）「志向的あるいはノエマ的意味」でも触れたように、意識は「何ものかについての意識」（前掲『デカルト的省察』六八頁）であるが、「意識はただ単に対象へ向かうだけではない。われわれは外界の超越的な実在事物に眼を向けるだけではなく、〈これは檜だ〉とか〈あそこに道標がある〉などと言う。すなわち眼に映る対象を認識するとき、われわれはその事物に〈檜〉とか〈道標〉という意味を付与して、それが〈何であるか〉を規定する。このような〈意味付与、意味規定〉の能作こそ、フッサールのいう「構成する志向性」の主要な機能であり、対象がもつ意味はすべてこの構成的な志向性から発生するとされる」（前掲『現象学事典』の「志向性」の項）。

(54) 対象（Gegenstand）の対象性と現在（Gegenwart）の現前性　フランス語の「対象

objet」と「対象性 objectivité」に含まれる ob は、対面、対立を表わす接頭辞、「現在 présent」と「現前性 présence」に含まれる pré は、時間的、空間的に「前に」という意味の接頭辞。またドイツ語の「対象 Gegenstand」と「現在 Gegenwart」には、対立、対面を表わす同じ接頭辞 Gegen が付されている。

(55) **経験の本質的な構造** 「現象学でいわれる経験や現象が、単なる自然主義や事実主義のいう事実経験ではなくて、本質的・形相的な性格をもっていた点は、とくに留意しなければならない。〔……〕そこで「経験」と呼ばれているものは、対象として「できあがって」ある客観物や客観的事態についての主題的・客観的な「判断」とは区別され、それらの「判断」に先立ち、それらを可能にしている基盤としての「経験」野のことである」(前掲『現象学事典』の「経験」の項)が、そうした前述定的・根源的・超越論的経験野(生活世界)の根本的構造として、「地平」「時間意識の総合」「主題と非主題的地平との差異構造を構成する同質的および異質的連合」(同前、『経験と判断』〔著作名〕の項)などが挙げられる。

(56) **地平** 「或る体験が、自我の目差しを受ける客観となったとき、したがって目差されたものという様態を採ったとき、その体験は、それなりに、まだ目差されてはいない諸体験の地平を持っているわけである。つまり、「注意」の様態において、場合によっては明瞭さの度合いを増大させながら把握されるものは、背景となっている不注意の地平を持っているのであって、この地平は、明瞭さと曖昧さ、或いは輪郭の明確さと不明確さといった点の、相対的区別を伴っているのである」（前掲『イデーンI-II』八二頁）。

（57）**類ではなくて形式**　前掲『イデーンI-I』の第一三節「類的普遍化と形式化」の冒頭で、次のように言われている。「はっきりと区別されなければならない関係に次のものがある。すなわち、一方に、類的普遍化と種的特殊化という関係がある。他方にこれと本質的に別種の関係があり、それは、事象内容を含んだものを純粋論理的に形式的なものへと普遍化するという関係、もしくは、逆に、論理的に形式的なものを事象内容あるものへと転化させるという関係である。別言すれば、類的普遍化は形式化とは全く別ものであり、後者は例えば数学的解析においてきわめて大きな役割を演じているものである。〔……〕したがって、混同されてはならないのだが、或る本質が純粋論理的な本質の形式的普遍性のもとに立つということは、或る本質が自分よりもより高次の本質類のもとに立つということとは違うのである」（八八〜八九頁）。

（58）**何ものかの代わりの**〔**pour quelque chose**〕（**für etwas**）　フランス語の pour もドイツ語の für も、ともに目的、対象、用途、理由、期間などさまざまな意味を表わす前置詞であるが、ここでは代理（〜の代わりに）の用法であることが、デリダによって強調されている。

(59) **ti esti〔何であるか〕の帝国としての「哲学」**　ハイデガーによる形而上学批判（たとえば『それは何であるか――哲学とは』一九五五年）への言及。木田元著『ハイデガー拾い読み』（新書館、二〇〇四年）に要を得た説明がある。「ハイデガーは「存在の歴史としての形而上学」というこの覚え書の冒頭部で、かなり唐突にこう言い出している。「古くから形而上学は、ある存在者が何であるかということと、その存在者が存在する、あるいは存在しないという事実とを区別している」。ここで言われているある存在者が〈何であるか〉ということと、その存在者が〈存在する〉、あるいは存在しないという事実の区別とは、日本語で言うなら、ある存在者が机であるか椅子であるかというばあいの〈デアル〉と、その机がここにあるかないかというばあいの〈ガアル〉の区別に当たる。すでにアリストテレスがこの区別を、〈それが何であるかということ《ト・ティ・エスティン》（英語に訳すとthe what is it――what is it? という疑問文に定冠詞を付けた妙な言葉）〉と〈それがあるということ《ト・ホティ・エスティン》（英語に訳すとthe that it is）〉というかたちに概念化していたが、それが中世のスコラ哲学者によって〈本質存在《エッセンティア》〉と〈事実存在《エクシステンティア》〉という用語に固定された。だが、ハイデガーに言わせると、この区別は、伝統的な哲学がおこなってきたさまざまな概念操作の一つといったものではなく、むしろこの区別の遂行こそが〈形而上学〉つまり〈哲学〉を成立させた根本的区別なのである」(一五一〜一五二頁)。

(60)**「指標作用の本質」** 前掲邦訳『論理学研究2』では、「指標作用」は「指示」と訳されているが、本翻訳では、デリダの意図を明確にするために、indice、indication、indicatif にはそれぞれ「指標」、「指標作用」、「指標的な」の訳語をあて、動詞 indiquer のみ「指示する」と訳すことにする。

(61)**「動機づけ」(Motivierung) の統一性** 「動機づけは思惟する者に対して、指示する事態と指示された事態とがその中で構成される判断作用相互の間に、記述的統一を作り上げるのである〔……〕。この記述的統一のうちにこそ、指示〔指標作用〕の本質があるのである。もっと明確に言えば、判断作用の動機づけの統一性はそれ自身、判断の統一性という性格をもち、したがってまたそれ自身の全体のうちに、現出する対象的相関者を、すなわちその動機づけの統一性のうちに存在しているように思われ、そしてそのなかで思向されている統一的な事態を、有しているのである。つまりこのような事態は、一方の事象が存立しているかもしれないのは、もしくは存立しているに違いないのは、あの他方の事象が与えられているからである、ということに他ならない。事象的関連の表現と解されるこの《から》〔=理由〕は、種々の判断作用が一つの判断作用へと織り成されていく場合の、記述的に独特な形式としての動機づけの客観的相関者なのである」（前掲『論理学研究2』三五頁）。

(62) **存立**　アレクシウス・マイノングは、『仮想について』（一九〇二年）の中で、対象をそれが現実に存在するか否かとは無関係に、現存在から自由に研究するために、表象作用の対象である「客体 Objekt」（＝物）に対して、思惟作用（判断と仮想）の対象である「客観的なるもの Objektive」（＝事）を区別した。「客観的なるもの」は、「非時間的、イデアールな〔イデア的な〕対象であり、実在する（existieren）ことはなく、存立する（bestehen）・存立しないと言われる」（前掲『現象学事典』の「客観的なるもの」の項）。フッサールの「事態 Sachverhalt」との類似が指摘されている。なお、訳註(13)「イデア性〔理念性〕」をも参照。

(63) **非-明証的な〔非-洞察的な〕**　前掲邦訳『論理学研究2』では「非洞察的な」と訳されているが、ここでデリダは、H・エリー、L・ケルケル、R・シェレールによる『仏訳』（フランス大学出版、一九六一、一九九六年）もまた、「洞察 Einsicht」と「明証 Evidenz」を区別していない。「「洞察」とはフッサール現象学においては「本質」を直観することであり、「必当然的明証」と同義である。現象学における「洞察」は、個物に関する直観を基礎としつつも、これらを「類例」として用いて「イデー化的抽象」（イデアチオン）を行使して普遍的本質ならびに本質連関を看取することによって獲得される。〔……〕フッサールは「洞察」「明証」「明晰性」をしばしば同義的な表現としても用いているから注意を要する」（前掲『現象学事典』の「洞察」の項）。

（64）**指標的示唆《アリュジオン》**（**Hinweis**）　Hinweisに対して、前掲『仏訳』（第二版、一九九六年）は、デリダの『声と現象』第一章の用語法の妥当性を認めて、「参照指示 renvoi」あるいは「示唆 allusion」の訳語をあてている。とするとHinweis〔参照指示、示唆〕は、Anzeigen〔指標的参照指示〕とHinzeigen〔表現的参照指示〕の両方を含む可能性があることになるが、デリダは、このすぐあとの箇所で、Hinweisを「指標作用」と言い換えている。したがって、デリダはこの場合、HinweisをAnzeigenすなわち「厳密な意味での指標作用」と解しているのであり、フッサールがBeweis〔証明〕の明証的な〔洞察的な〕必然性あるいはイデア的合法則性を「指標作用」から除外しようとしていることを、デリダは強調している。

（65）**思念する《ヴィゼ》**　フッサールの現象学において、ほぼ「志向」と同義の用語。前掲『論理学研究2』では、「事物、あるいはむしろ事物の徴表が現出している場合、われわれはこの対象的徴表、この〈ここといま〉を思念するのではなく、その内容、その《イデー》を思念するのである」（一二二頁）と言われている。なお前掲『仏訳』は（デリダもまた）、ドイツ語のmeinen〔思念する〕の訳語としてviserをあてているが、フランス語のviser は、本来「視線や注意を対象に向ける」「ねらいを定める」の意である。「志向という表現は、〈狙う Abzielen〉という言葉で比喩されうるような作用の特性を表象している」(前掲『論理学研究3』一七六頁)ために、この訳語が選ばれたのだろう。訳註(44)「思念《ヴィゼ》」をも参照。

(66)「事実の真理」と対比される「理性の真理」 「事態とそれについての命題の対応が、知覚あるいは経験を通して確認されるとき、その命題を真とみなす」経験的真理が「事実の真理」であるのに対して、論理学や数学の命題のように、「判断と判断、命題と命題との間の無矛盾性、整合性が真理の尺度と」なる形式的真理が「理性の真理」である。「ライプニッツは経験的事実にもとづき、偶然的でその反対を考えても不可能とはならない「事実の真理」〔仏〕vérité de fait と、その反対が矛盾におちいる必然的・理性的な「永遠の真理」〔仏〕vérité éternelle とを分けた」(前掲『現代哲学事典』の「真理I」の項)。

(67)指示すること《モンストラシオン》(Weisen) ドイツ語の Hinweis〔参照指示〕と Beweis〔証明〕には、ともに weisen〔指示する〕という動詞が含まれているが、フランス語にはそれに相当する便利な語がない。そこで「証明 démonstration」という名詞の動詞である「証明する démontrer」という語が接頭辞 dé と「示す montrer」という動詞の合成語であることから、この「示すmontrer」という動詞をもとに「指示することmonstration」という名詞を造語する案を、デリダはここで採用している。

(68) **連合**　「超越論的主観性」の能動的な対象構成に先立つ、意味相互間の内的結合による意味の「受動的発生」（訳註（71）参照）の法則が「連合Assoziation」である。前掲『論理学研究2』の第一部第一章第四節「連合による指示（＝指標作用）の成立に関する付論」では、「AがBを意識に呼び起こすとすれば、それら両者はただ単に同時的ないしは継時的に意識されているばかりではなく、一方が他方を示唆し、後者が前者に属するものとして存在するという、感知されうる（fühlbar）関連も当然生じてくるのが常である。単に共在しているものから共属しているものを形成すること――より精確にいえば、共在するものから共属しつつ現出する志向的統一を形成すること――まさにこれこそ連合機能の絶えざる働き《ライストウング》である」（三九～四〇頁）と言われている。フッサールは、この「連合」が、「記述的な固有の性格と統一形式を創造する」（同前、三九頁）と考えている。

(69) **表出＝外化《エクステリオリザシオン》**　「表現expression」と「表出＝外化《エクステリオリザシオン》extériorisation」に共通の接頭辞exは、「外へ」の意であり、デリダはここで、それを強調している。

(70) **明確に表現する《エクスプレス》**　「思想や意志を明確に表現する」（『プチ・ロベール仏語辞典』）の意の

形容詞。この「明確に表現する《エクスプレス》exprès」という語のラテン語の語源 expressus は、ex-primere〔表現する〕という動詞の完了分詞である。

(71) **受動的発生**　「発生」とは、意味の発生である。訳註（53）「Bedeutungsintention〔意‐味志向〕」でも触れたように、「志向性」の本質は対象に意味を付与する意識の能動的作用であって、『イデーンI』の時期のフッサールは、とくにこの「構成する志向性」を強調した。しかし、彼の遺稿を検討すれば明らかなように、晩年のフッサールは、「超越論的主観性」の能動的な対象構成に先立って、意味相互間の内的結合（「連合」）による意味の「受動的発生」が成立していなければならないことを、はっきりと自覚していた。「いずれにせよ、能動的活動の構築はすべて必然的に最低層としてあらかじめ与える受動性を前提しており、これを追跡していくと、受動的発生による構成に行き当たることになる」（前掲『デカルト的省察』一四三頁）からである。なお、引用文中の「受動性」の語には、「普通は passiv という語は「受身」を意味するが、フッサールはこの語を、単なる「受容性（Rezeptivität）」とは考えていない。「能動的（aktiv）」な自我の活動がまだ（始まって）ない段階をこの語で呼んでいる」（同前、三一一頁）という適切な訳注が付されている。

(72) **主意主義的な**　世界の本質を知性的なものと見る主知主義に対して、世界の本質を意志として捉える立場が主意主義である。「心理学的にみてあらゆる意識活動は意識内容として与えられるべきもの、即ち表象されるべき内容に向けられているということに注目するならば、意識の根本機能は表象という知的作用にあり、意志や感情はたとえ表象されるべき内容をその対象とする場合ですら、多くの表象の相互作用からの帰結にすぎず、その限りに於いて表象に依存するものである、と考えられる。これが主知主義の心理学的基礎である。これに対して、意識活動がそのように知的作用として特徴づけられるのは、正にその活動が意志されるからである、ということを強調するならば、意志こそ意識活動の根本機能であって、表象は単に意志が自己を客観化する一つの方法あるいは方向にすぎなくなる。これが主意主義の心理学的基礎である」（前掲『現代哲学事典』の「主意主義」の項）。

（73）**〈他人との関係一般〉と〈時間化作用《タンポラリザシオン》の自己への関係〉** 本書「序論」で触れられた「間主観性《アンテルシュブジエクティヴィテ》の構成」（訳註（19）参照）と「時間化《タンポラリザシオン》の運動」（つまり現在化と準現在化の作用。訳註（18）参照）の問題であり、「記述のこの二つの決定的契機《モマン》を結び合わせているものの奥底で、ある種の還元不可能な非‐現前性に構成的な価値が認められる」（本書一三頁）と、デリダは考えている。

（74）**表明＝告知《マニフエスタシオン》の機能（kundgebende Funktion）** 前掲邦訳『論理学研究2』では、「告知機能」と訳されている。「〔伝達的言述《ディスクール》において指標としての機能を果たす〕そうしたすべての表現は聞き手にとっては、話し手の《思想》を、すなわち話し手の意味付与的諸体験を表わす記号としても、また伝達する意向に含まれるそれ以外の心的諸体験を表わす記号としても役立つのである。このような言語的表現の機能を、われわれは告知機能と呼ぶ。告知の内容を形成しているのは、告知された心的諸体験である。告知された(kundgegeben)という述語の意味《ジン》は、広狭両義に理解されうる。狭い意味に限るならば意味付与作用をさすが、広い意味では〈話し手の会話〔言述〕に基づいて(ときにはその会話が話し手のすべての作用についての言表であることによって)、聞き手によって話し手に帰せられる話し手のすべての作用〉を包括するであろう」(四四頁)。これに対して、前掲『仏訳』は、Kundgabe に manifestation〔表明〕の訳語をあてており、デリダは、その語が manifeste〔明らかな〕という意味を含んでいることに注意を喚起しているので、多少とも冗長になるのを承知のうえで、本翻訳では、これを「表明＝告知」あるいは「表明＝告知作用」と訳すことにする。

(75) **十全な知覚**　前掲『論理学研究4』では、「十全的《アデクワート》な知覚、すなわち――充実されるべき志向の中で対象が思念されていた限りでの――その対象の完全な自己現出」(一四三頁)と説明されている。なお前掲『イデーンI-II』では、「十全的な事物所与性は、カント的な意味での理念〔訳註（28）参照〕である」（三〇二頁）と言われている。

(76) **表明＝告知の把握（Kundnahme）** 前掲邦訳『論理学研究2』では「聴取」と訳されている。

(77) **出来事《エヴエヌマン》** 「「もの」に対する「こと」の一種であるが、実際に生起した「こと」を出来事という」（前掲『哲学・思想事典』の「出来事」の項）。

(78) **「表‐示作用《モンストラシオン》」** 訳註（67）で説明したように、デリダはそこで（本書の第二章で）、Hinweis〔指標作用、示唆〕とBeweis〔証明〕とに分かれる前のWeisen〔指示することと〕をフランス語に訳すにあたって、montrer〔示す〕という動詞からmonstration〔指示すること〕という名詞を造語する案を採用しているが、ここでは同じmonstrationをHinzeigen〔表現的記号作用〕の訳語として使用することを提案している。一方、前掲『仏訳』は、Hinzeigenに「表示désignation」あるいは「表示作用acte de désigner」の訳語をあてている。本翻訳では、「表現的指示作用」というニュアンスもこめて「表‐示作用《モンストラシオン》」と訳すことにするが、「表現作用」とした方がより明解だろう。いずれにせよフッサールにとって、記号から指標作用が除外されたあとに残るのが表現であり、表‐示作用（＝表現的記号作用）だということに留意したい。

(79) **エゴ‐コギト〔自我‐意識作用〕** フッサールは、晩年の代表作『ヨーロッパ諸学の危機と超越論的現象学』（細谷恒夫・木田元訳、中公文庫）において、デカルトの方法的懐疑を「デカルト的判断中止」、「前代未聞の徹底主義《ラディカリスムス》」とみなして、「真に哲学者たらんとする者としては、ある種の徹底した懐疑的判断中止から出発するのを避けるわけにはいかない」（一三七頁）と述べて、改めて「デカルトの「われ思う《エゴ・コーギト》」への還帰」の必要性を主張している。ただしデカルトは「判断中止によって得られた純粋なわれ《エゴ》を心理主義的に歪曲」（一四三頁）し、「このわれ《エゴ》を純粋な心〔「心的な自我《イッヒ》」〕と同一視することによって、その首尾一貫性にある破綻《はたん》が生じている」（一四五頁）と、フッサールは考えている。「判断中止によって世界を喪失した自我《イッヒ》であるわれ《エゴ》、すなわちその機能である思考作用においてこそ世界がもちうるかぎりのそのすべての存在意味をもちうるようなわれ《エゴ》は、世界のうちに、主題として登場しうるものではないのであり、それというのも、世界のうちにあるいっさいのもの、したがってまた自己の心的存在、つまり普通の意味での自我《イッヒ》もまた、まさにこのわれの機能からその意味を汲みとってくるからなのである〔……〕。判断中止において、それ自体で存在するものとして発見されるにいたったわれ《エゴ》は、他の多くの自我《イッヒ》を自分の外にもつことができるような「一個の」自我《イッヒ》などではけっしてない〔……〕。我《イッヒ》と汝《なんじ》、内と外というような、すべての区別は、絶対的われ《エゴ》のうちではじめて「構成」されるものだ、ということが彼には蔽い隠されていたのである」（一四九頁）。

(80) **想像的なもの《イマジネール》**（**Phantasie**）「想像的意識のノエマ的相関者をいう。知覚的世界が対象を〈ここに今〉存在するものとして定立するのに対し、想像的意識とは対象を〈ここに今〉存在しないもの、つまり無として定立する作用である。したがって想像作用のノエマ的相関者であるイマジネールとは、リアルには存在しない、非現実的なものである。たとえば、ピエールのことを想像するとき、私は端的にピエールその人を目指している。想像作用によって生み出されるピエールという心象は、意識のなかに存在するのではない。心象としてのピエールとは、非現実的・非実在的な存在なのだから、事物のなかのひとつの事物として存在するのではない。したがって想像的なものを現実の時間・空間のなかに位置づけることはできない」（前掲『現象学事典』の「イマジネール」の項）。

(81) **立ち現われ《アパレートル》**〔＝**現出**〕　一般には、また前掲邦訳『論理学研究2』においても「現出」と訳される（ドイツ語の原語ではErscheinung）。「物自体」が存在するかどうかについて判断中止したときに立ち現われる「現象」の意。「私が現象を記述する際に、私は、いわば現われ《アパレートル》の彼方にある物自体を記述するのではなくて、それが私に現われるがままの、その私に対する現われを記述するのです。物事が私に現われるかぎりにおいて、私は何にかかわっているのでしょうか。それは、きわめて微妙な操作であり、物事の現実《レアリテ》を、その物事の現われから切り離すことは、きわめて困難です。ある物事が私に現われるのであり、物事は現われるものなのであって、現象学者は、還元の操作によって、この現われの層を、すなわち、（知覚される）物事ではなくて、物事の知覚される存在〔知覚＝存在〕《エートル・ペルスユ》、つまり知覚を、想像されるものではなくて、物事についての想像作用《イマジナシオン》を、換言すれば、私にとっての現象を、記述することになります」（ジャック・デリダ『言葉にのって——哲学的スナップショット』林好雄、森本和夫、本間邦雄訳、ちくま学芸文庫、一一一～一一二頁。ただしルビを補った）。

（82）**「音響的像《イマージュ》〔聴覚映像〕」という形相《フォルム》**　邦訳『一般言語学講義』（小林英夫訳、岩波書店）では、「音響的像《イマージュ》」は「聴覚映像」と訳されている。「形相《フォルム》」については、J・デュボワ他著『ラルース言語学用語辞典』（伊藤晃他編訳、大修館書店）の「形式」の項を参照。「ソシュール的な意味では、〈形相〉は〈構造〉の同義語であって、実質に対置される。実質とは、意味的あるいは音的な現実（構造化されていないかたまり）であり、形相とは、この混沌としたかたまりの上になされる独得な切り取りであって、これは記号体系から生じる。従って言語の形相は、言語単位の相互間に見出される諸関係によって表わされるだろう」。

（83）**ヒュレー、モルフェー**　前掲『イデーンI-II』の第八五節によれば、志向的意識体験は、色彩、触覚、音響等々の感覚与件が、感覚的ヒュレー（志向的形成化あるいは意味付与のための素材）として、志向的モルフェー（形式）というノエシス的契機によって生気づけられ、意味付与されることによって成立する。すでに訳註（29）で述べたように、「感覚的ヒュレー」と「志向的モルフェー」は、広義のノエシスとして、意識の志向的体験の実的《レエール》な構成要素と見なされて、実的でない《ノン・レエール》構成要素であるノエマと区別されている。

(84) **虚構**《フィクシオン》　「対象をもたぬ諸表象」であり、「本当は実在せず単に表象されただけの諸対象」（前掲『論理学研究2』一三九頁）である。

(85) **中立化する表象＝再現前化**《ルプレザンタシオン》（**Vergegenwärtigung**）（準現在化）　「中立化」については、訳註（39）を参照。フッサールは、『イデーンI』において、「準現在化」を広義の「想起」と「想像作用」とに区分して、「想像作用」とは、「定立的な準現在化」（広義の「想起」）の「中立変様 Neutralitätsmodifikation」だと規定している（前掲『イデーンI－II』一八一頁）。詳しくは訳註（92）を参照。

(86) **特有語**《イディオム》　ある特定の地域、集団の中でしか通用しない語。

(87) **音素**《フォネーム》**や書記素**《グラフェーム》　「音素」とは、「言連鎖（語られた言葉の音声的連鎖）の中で限定しうる、意味を持たない最小の単位」（前掲『ラルース言語学用語辞典』の「音素」の項）であり、エクリチュール〔書記体系〕において、「音素」に相当する最小単位が「書記素」である。「書記素」はそれだけでは意味を持たず、書記体系《エクリチュール》の中でしか、つまり他の「書記素」との関係においてしか定義されないという点で、現象学的意識の内部に属している。

(88) **Repräsentation〔代表象〕** ロック、バークリー、ヒュームらのイギリス経験論による理論。「その理論の主張によれば、実際には直観的な個別表象のみがあり、一切の思考はそのような表象の中で営まれるのである。しかし本来行なわれるべき諸表象〔＝直観的個別表象〕に代わって、ある種の別の諸表象〔＝代表象〕が、必要上ないしは便宜上それらの代理者（Stellvertreter）として用いられている。あるクラス全体に関する普遍的代表象という巧妙な作為は、その成果として、あたかも本来の諸表象が絶えず現在するかのような状態をもたらし、あるいはむしろ、集中的能作がもたらす結果と同じことであるが、われわれが現実的表象に基づいて獲得しうるような個別的成果をすべて一緒に包括するということになるのである」（前掲『論理学研究2』一八六〜一八七頁）。こうした「代表象」の理論について、フッサールは、「普遍的表象（これが普遍的な意味志向と解されるか、あるいはそれに対応する意味充実と解されるかは別として）を直観的な個別表象から区別するものは、単なる心理学的機能の相違、すなわち、われわれの心的生活過程の関連の中で内感および外感の一定の個別表象に割り当てられている役割の単なる相違ではありえない。したがってわれわれはもはや代表象理論の叙述を批判する必要はない。それらの叙述は代表象を単にそのような心理学的機能としてのみ論じ、そして、普遍的な表現および思考作用の個別的体験にその十全な特徴を与える新しい種類の意識様式という根本的な現象学的事実には全然触れていないのである」(同前、一八七頁)と述べている。なお前掲『仏訳』は、デリダもまた、「表象 Vorstellung」「代表象 Repräsentation」「再現前化 Repräsentation」に同一の訳語「représentation〔表象=代理〕」をあてている。

(89) **逸脱** 「逸脱 dérivation」とは本来、川の流れなどを変えたり、分岐させたり、わきに逸らせたりすること。また、ある語から別の語を派生させること。dériver (逸脱させる、派生させる) は、その動詞。

(90) **脱構築**《デコンストリュクシオン》 「ハイデガーの『存在と時間』は、ギリシア以来の西洋形而上学=存在論の歴史を「存在の意味への問い」の閑却《かんきゃく》の歴史とみなして、その存在忘却の歴史の中で隠蔽《いんぺい》された「存在」を露《あらわ》にするために、「存在問題を手びきとして古代的存在論の伝承的形態を解体し、かつて存在の最初の——そしてそれ以来主導的となった——諸規定がそこで得られた根源的諸経験へひきもどす解体作業 (Destruktion)」(前掲『存在と時間』上、六八頁）の必要性を説いた。デリダの「脱構築 déconstruction」はこれを引き継ぐものであり、「脱構築」という語自体、ハイデガーの「解体作業」の訳語（なかば造語）として案出されたものだと言われている。そもそもハイデガーの「解体作業」は、「古代的存在論の伝承的形態」を破壊したり、「過去を虚無のなかに葬る」ことではなかった。だからハイデガーは、「この解体作業は、存在論の伝統をふりきるという否定的な意味をもつものではない。その反対に、この作業は伝統をそれの積極的な可能性において――そしてとりもなおさず、それの限界において――標示しようとするもの」（同前、六八〜六九頁）だと明言するのである。それは、西洋形而上学の「存在論の伝承的形態」がどのようにして成立したのか、「哲学の創設」にかかわる「根源的諸経験」にひきもどして、そこで哲学が、いったい何を、どのようにして抑圧し、隠蔽したのかを暴露しようとするものだった。それは、「存在論の伝統」が否定したものを肯定するのだから、むしろ積極的で、肯定的な作業なのである」（林好雄、廣瀬浩司著『知の教科書デリダ』講談社選書メチエ、九六〜九七頁。ただし出典頁数を補った）。

（91）**思惟スルモノ〔res cogitans〕** デカルトは『第一哲学についてのルネ・デカルトの省察』の中で、「精神を思惟するもの（res cogitans）、物体を延長するもの（res extensa）と捉え、そのように両者が、別個の〈レス（もの）〉（res）として、〈レス的〉

(realis)に区別されること」(前掲『哲学・思想事典』の『省察』の項)を論証しようとした。

(92) **非「定立的《ポジショネル》」** 「われわれは、対象を見るとき、それが〈何か〉として〈存在〉している、と信じている。このような対象(ないし世界)の〈存在〉に対応する、主観の側からの構成的契機が〈定立〉である。「対象や世界が存在している」ということには、「われわれがそれを定立・措定している」ということが対応する。定立・措定とは、存在すると信じることである」(前掲『現象学事典』の「定立」の項)。「想起 Erinnerung」(最広義の)が「定立的」再-現前化(準現在化)であるのに対して、「想像作用」は非「定立的」再-現前化(準現在化)だとされる。すぐあとに引用されている『イデーンI』第三篇第四章第一一一節に、仏訳者のリクールが『内的時間意識の現象学』に依拠しつつ付した注記によれば、「まず最初に〈現在化あるいは現前化 Gegenwärtigung oder Präsentation〉としての印象が生じ、これに過去把持と未来予持が加わって、広義の根源的領域が形成され、ついで〈定立的準現在化 setzende Vergegenwärtigung〉(想起、共-想起、再-想起、前-想起)が生じ、最後に〈想像的準現在化 Phantasie-Vergegenwärtigung〉が生じる」のである。

(93) **信念** あらゆる志向的体験には、「ノエシスの側の諸性格、つまり存在諸様態に相関的に関係したノエシス的な諸性格、というものがあり——それがすなわち、「臆見的」諸性格もしくは「信念諸性格」というものにほかならないが——、それらはどういうものかと言えば、直観的表象の場合で言うと、例えば、何かを「認知」するという正常の知覚のうちに実的に〔reell〕含まれている知覚信念が、その一例であり、これをもっと細かく言えば、知覚の確信・つまり知覚していることを確実だと思っている信念、といったものが、その一例である。この知覚の確信には、それに対応して、その現出する「客観」に付着した形でノエマ的相関者が成り立ってくるが、それが、存在性格にほかならず、すなわちこの場合には、「現実的 wirklich」という存在性格が、成り立ってくるわけである。右と同じノエシス的ないしノエマ的性格は、知覚の場合だけに限られず、さらに、「確信にみちた」再度の準現前化もまた、右と同じ性格を示す」（前掲『イデーンI－II』一六三頁。ただしドイツ語原語を補った）。

(94) **原初的準拠＝関係《レフェランス》** フッサールにとって、想像作用と中立性変様は混同されてはならない。「われわれは、何らかの対象を準現前化（再－現前化）したとしてみよう——そしてわれわれは直ちにこう想定してみよう、それは単なる想像世界であり、われわれはその想像世界に注意しつつ配意しているのだ、と——。そうすると、そうした折には必ず、想像作用をする意識の本質に属するものと見なしうるのは、次のことである。すなわち、ただ単にこの想像世界だけでなく、さらにまた同時に、その想像世界を「与える働きをする」知覚作用もやはり、想像されたものになっているということ、これである」（前掲『イデーンI－II』、一八二頁）。「この変様（想像変様）が加えられると、どんな体験もみな、否、想像作用をする体験そのものでさえも、それに正確に対応する単なる想像、もしくは同じことだが、中立化された想起へと、移行させられてしまう」（同前、一八三頁）。一方フッサールにとって重要なのは、あくまでも「定立的体験」に対する中立性変様、つまりわれわれが知覚のような直観的認識において対象を定立する際の「信念的様相」の無効化としての中立性変様である。想像作用（「非定立的再－現前化」）は、こうした厳密な現象学的方法を欠いているために、依然として「信念一般への原初的準拠＝関係《レフエランス》を保持している」ので、「純然たる中立化」とはみなされないのである。

（95）**自己同一性**《イダンテイテ・ア・ソワ》「プラトンによるその開始以来、西洋哲学は永遠に変わることのない自己同一性を存在の原型と見、生成変化を超えたそうした超自然的（形而上学的）存在者を想定して、それを原理にすべての存在者を統一的に捉え、全体化しようとはかってきた。たとえばプラトンは永遠に自己同一的なイデアを、キリスト教神学はやはり絶対的な存在者である神を、そしてデカルトにはじまる近代哲学も、これまた自己にとって完全に透明に現前している超越論的主観性を原理にして、すべての存在者の存在を統一的に規定しようとしてきたのである。ヘーゲルの弁証法的哲学にしても、否定性を媒介にしていっそう高次のレベルで同一性原理にもとづく全体化をはかるものと見ることができよう。こういった意味でなら、西洋哲学は〈同一性〉を基本的原理にしてきたと言うことができる。〔……〕ハイデガーはニーチェから承け継いだ壮大な視野のなかで、存在＝自己同一性＝現前性《ウーシア》と見るプラトン／アリストテレス以来の伝統的な存在概念を相対化し、そこに特定の時間性格のひそんでいることを暴き出す。彼の考えでは、〈存在投企〉つまり〈存在〉という視点の設定は、いわば〈生き生きとした現在〉のうちにずれ（差異化）が起こり、通常〈過去〉とか〈未来〉と呼ばれる次元が開かれ、この現在・過去・未来といった次元のあいだに複雑なフィードバック・システムが組織されることによってはじめて可能になる。そして彼は、存在＝現前性という存在概念は、そうした時間の生起過程において、とくに〈現在〉に固執する特殊な生起の様態に足場を置いて形成されたものと見るのである。してみれば、同一性の原理よりも差異化の過程の方がはるかに根源的だということになろう。ハイデガーはこうした視点から伝統的哲学の解体を企てるのである。デリダが〈差延〉（différance）〔訳註（100）参照〕という特異な概念によって捉えようとしているのも、この時間の根源的な差異化の過程にほかならない」（前掲『現象学事典』の「同一性／差異」の項）。

(96)〈今‐の‐統握〉運動の各時点を「今として把握する作用（Als-Jetzt-Erfassen)」であり、時間的対象を「今として措定する（Als-Jetzt-Setzung）という意味での知覚」（フッサール『内的時間意識の現象学』立松弘孝訳、みすず書房、四二頁）のことである。対象（感覚的所与）は、意識の志向作用における「ノエシス的契機（訳註（1）参照）」によって「統握」され、「意味付与」されることにより「生気づけられる」(beseelt)」（前掲『現象学事典』の「ノエシス／ノエマ」の項）と考えられる。

(97) **現実態と可能態** アリストテレスのエネルゲイア（現実態・活動）とデュナミス（可能態・能力）に由来する対立概念。訳註（33）の説明にあるように、「可能態《デュナミス》」としての「質料」が「現実態《エネルゲイア》」としての「形相」をとることによって、個々の事物が生じる。なお「現実態」と「可能態」は、それぞれフランス語で acte（作用）、puissance（力）と訳されるが、acte はフッサールの用語では「作用 Akt」であり、「顕在的な aktuel」（訳註（27）参照）はその形容詞である。したがって「顕在的な《アクチュエル》（＝現実態の）今」あるいは「顕在的な現在」は、「直観」に対して「いわばその生身のありありとした現実性において」（前掲『イデーンI‐I』一一七頁）自分を与えるものであると同時に、その本来の定義によって「形相《エイドス》」であり、「イデア」なのである。このとき「現実性《ヴィルクリヒカイト》」と「実在性《レアリテート》」（「イデア性」の対立概念）は、決して混同されてはならない。

(98)「事後性」「フロイトが心的時間性ならびに心的因果性に関する自分の考えとの関連でしばしば用いた術語。経験、印象、記憶痕跡は、新たな経験により、あるいは心的発達がもう一つの別の段階へとさしかかると、後日組みなおされ修正される。その場合、新たな意味と同時に、ある心的効果を付与される」(前掲『精神分析用語辞典』の「事後性、事後の、事後に」の項)。

(99) 射映連続 「射映」は、「事物が直観される際の特有の与えられ方を表すためにフッサールが使用した用語。いかなる事物もつねに「前面から」「ある遠近法において」知覚されるほかないが、この事態をフッサールは事物は「射映する」と表現した。一本の桜の木を眺めている場合を例にとれば、同じ桜の木を知覚していても、その木の見え方は実は刻々変化している。〔……〕しかし見え方は連続的に変化し多様ではあっても、桜の木そのものや、あるいはその木の形や色などはつねに同一のものとして現出している。事物が直観される際のこうした特有の在り方を、事物は「射映する」とフッサールは表現する」(前掲『現象学事典』の「射映」の項)。なお「射映 Abschattung」は、仏訳では dégradé と訳されているが、このフランス語のもともとの意味は「(光や色が)徐々に弱くなったり減少すること」である。

(100) 差延《ディフェランス》 「「差異 différence」に対して「差延」は différance と綴《つづ》られるが、フランス語の発音上は区別できない。フランス語の動詞 différer には、「異なる、同一でない」という意味と「延期する、遅らせる」という意味があるが、その名詞である「差異 différence」には後者の意味がないことから、この両方の意味を生かすために考え出されたデリダの造語。差異と遅延のシステム、エコノミー、活動＝戯《ジュ》れであると同時に、そうした諸差異を産出する非‐単一的で非‐根源的な起源」（前掲『知の教科書デリダ』九二頁）。「差延とは諸差異の、諸差異の諸痕跡の、システマティックな戯《ジュー》れであり、間隔化のシステマティックな戯《ジュー》れであって、この間隔化によって諸要素は相互にかかわりあう。この間隔化は、もろもろの間隙の、能動的であると同時に受動的な産出であって（différance〔差延〕のaは、能動性および受動性に関するこのような不決定を指す。つまり、そういう対立によってまだ支配されておらず、まだいずれの側へも割りふられていないものを指す）、そもそもそういう間隙がかりに存在しないとすれば、「充実した」諸項は記号作用を行なわないだろうし、機能しないであろう。〔……〕したがって、いかなるものも――現前的な、非‐差延的ないかなる存在者も――差延と間隔化に先行しはしない。差延の発動者、主動者、主人であるような主観があって、差延がその主観に、場合によっては経験的にあとから付け加わる、というのではない。主観性は――客観性と同様――差延の一効果なのであり、一つの差延体系のうちに書きこまれた一効果なのである」（ジャック・デリダ著『ポジシオン』高橋允昭訳、青土社、四一～四四頁）。

（101）**自己‐触発**　「カントによれば、われわれ人間は質料自体を産み出すことはできず、われわれに未知なる〈物自体〉からの触発により与えられた質料に自らの理性に源泉をもつ時間・空間・カテゴリーという形式を適用し、認識を成立させうるのみである。〔……〕さらにカントにおいて、触発は自我が自己を触発するという〈自己触発〉の意味も担っている。それは統覚の超越論的総合作用が内官を触発し自己認識を成立させること、すなわち客観世界のうちに自己固有の経験（内的経験）を構成する作用である」（前掲『哲学・思想事典』の「触発」の項）。これに対して「ハイデガーはカントの超越論的感性論を解釈し、「時間」はその本質上「自己自身の純粋触発」であり、「純粋自己触発としての時間」が「有限な自己そのものの超越論的根源構造を与える」とした（『カントと形而上学の問題』）。メルロ＝ポンティでもまた、「時間は自己による自己の触発」であり、主観性はこのことによって「《他》へと開かれ、自己から外へ出る」ことになる（『知覚の現象学』）」（前掲『現象学事典』の「自己触発」の項）。

（102）**弁証法**　「デリダはすでに、高等師範学校《エコール・ノルマル》の学位論文《メモワール》「フッサール哲学における発生の問題」（一九五四年）の中で、起源《オリジヌ》＝根源（「現前性」）には「根源的な錯綜《コンプリカシオン》」「単一なものの汚染《コンタミナシオン》＝混交」「いかなる分析によっても現前させることのできないずれ＝隔たり《エカール》」があることに着目していた。ただし、当時のデリダは、それを弁証法の問題だと考えていた（たぶんチャン＝デュク＝タオの『現象学と弁証法的唯物論』の影響だろう）。弁証法によって、静態的な現象学に差異と運動を持ち込むことができると考えたからである。しかし弁証法は、「弁証法的止揚《アウフヘーブング》」によって「綜合《ジンテーゼ》」（差異の解消）を目ざすものであるかぎり、再び形而上学に回収されるおそれを払拭《ふっしょく》することはむずかしい。デリダの「脱構築」が真に有効な形而上学批判となるためには、弁証法に代わって、差異を解消しない「差延《ディフェランス》」の思考が開始されなければならなかったのである」（前掲『知の教科書デリダ』九一頁、ただし一部を修正した）。

（103）**「本質的に偶因的な」表現**　「われわれがある表現を客観的と呼ぶのは、その表現がただその音声的現出内実によってのみその意味を拘束している場合、ないしは拘束しうる場合であり、したがって表明（＝表現）する人物やその表明の事情を必ずしも顧慮しなくても、理解しうる場合である。〔……〕他方われわれは次のような表現をすべて本質的に主観的かつ偶因的、ないしは簡潔に本質的に偶因的と呼ぶのである。すなわち、概念的－統一的な一群の可能な意味を包含していて、その時々に応じて、つまり話し手とその状況に応じて、そのつどの顕在的意味を方向づけねばならないような表現をすべてそう呼ぶのである。この場合聞き手にとっては、表明の実際上の状況を顧慮して初めて、もろもろの共属する意味のなかで、ある特定の意味がそもそも構成されるのである」（前掲『論理学研究2』九一～九二頁）。

(104) **無《ノン》‐意味《サンス》（Unsinnigkeit）** 「無意味《ジンロース》なもの（無意味なもの das Unsinnige）と背理的《アプズルト》なもの（反意味的なもの das Widersinnige）〔不条理なもの〕とを混同してはならない。後者はむしろ有意味的《ジンフォル》なものの領域の一部をなしているにもかかわらず、単に誇張して無意味と呼ばれているにすぎない。「円い四角」という結合は実は、イデア的意味の《世界》にそれ自身の《実在》ないし存在様式をもつ、ある統一的な意味を伝達しているのである。しかしまたこの実在的意味に実在的対象が対応しえないことも確然的〔必当然的〕明証（eine apodiktische Evidenz）である。それに反してかりにわれわれが「円いあるいは」とか「人間そしてある」などと言ったとしても、表現された意味としてこれらの結合に対応するような意味は全く実在しない」（前掲『論理学研究3』一一九頁）。

(105) **Weisen〔指示作用〕あるいはZeigen〔記号作用〕** Weizen〔指示作用〕とZeigen〔記号作用〕は、それぞれHinweis〔指標作用〕とAnzeigen〔指標的記号作用〕という語の中に含まれている語である。本書第一章の五二頁および第二章の六四頁を参照。

(106) **前に《プロ》‐見えるもの《ヴィゾワール》** provisoire（仮のもの、一時的状態）は、ラテン語のprōvidēre

（予見する）を語源とし、「予め、前もって、前に」の意の接頭辞proと「見る、見える」の意の形容詞visoireが合成された名詞。したがってここでは、「仮に〔一時的に〕見えなくなっているが、実は目の前に見えるもの」だということ。

(107) **様相** 「私たちが世界に関してもつあらゆる認識判断は、肯定や否定、必然性や偶然性、可能性や現実性、推量や想定や信や疑い……といった、一般に「様相」ないし「様態（Modalität）」と呼ばれるものをともなっている。SはPである、SはPでない、Sはいついかなるときも Pである、Sはたまたま Pである、SはPでありうる、Sは現にPである、SはPだろう、SはPだとする、SはPだと確信する、SがPであるのは疑わしい、……といった具合である。これらは、各々の命題の中核をなす「SはP」という部分が端的に定立されていること（それは「SはP」という事態の存立＝存在を端的に受容することで成り立つゆえに「原信憑（Urglaube）」と呼ばれる）を基盤として、それをあらためて肯定したり、否定したり……という仕方で定立される。つまりこの考え方に従えば、すべての認識判断は、「原信憑」の「（様相的）変様」として捉えることができるのである」（斎藤慶典著『フッサール 起源への哲学』講談社選書メチエ、八〇〜八一頁。ただし、ゴチックによる強調を傍点による強調に変えた）。また「様相は、基本的には話法の「助動詞」で表わされるが、形容詞を伴った「ある」などでも表わされる。たとえば、英語のcanやbe possibleは、「ありうる」といった可能性の様相を表わす。この場合には、端的な「Sはpである」が「Sはpでありうる」(あるいは「Sは可能的にpである」)になる。このように、様相は、「ある」(存在)の有様が弱まったり強まったりすることによって生じる変化である」(前掲、谷徹著『これが現象学だ』一九〇頁)。

(108) **述定《プレディカシオン》**(陳述)「情報や知識を伝達し合うために、人は文法規則に則して有意味な文を形成する。しかし、文の中には有意味であっても、「私は歯が痛い」のように、私で表現される人が、実際に歯が痛い時と所で述べたならば真であるのに、別の時と所で述べれば偽になってしまうようなものもある。文には、それが表現された具体的な情況を離れてしまえば、真とも偽とも断定できなかったり、真(偽)であったのが偽(真)になってしまうものがある。〔……〕情況の違いによって、真偽が異なったり判定できなくなってしまう文で、共同の知識体系を構成することは不可能である。そこで、具体的情況によらず常に真偽が一定してる文を、特に陳述と呼んで区別している」(前掲『現代哲学事典』の「文・陳述・命題」の項)。

(109) **名辞** 「名辞」は、単なる「名詞」ではない。「名辞《ナーメン》という場合われわれは、単独では完全な作用を表明しない単なる名詞(bloße Hauptwörter)のことだけを考えてはならない。ここでいう名辞とは何か、それは何を意味するかを明晰に把握しようとすれば、名辞が正常な意味で機能している場合の文脈、特にそのような場合の言表を振りかえってみるのが一番適当である。そうすれば分かるように名辞として通用すべき単語や複合語句は、それらが完全かつ単純な言表主語（komplettes einfältiges Aussagesubjekt）を呈示しうるか（その場合それらは完全な主語作用を表現している）、もしくは、文章論的諸形式は別として、それら単語自身の志向的本質を変えることなく言表の中で単純な主語機能を充足しうる場合にのみ、一つの完結した作用を表現しているのである」（前掲『論理学研究3』二六四頁）。さらにフッサールは、「二種類の名辞ないしは名辞的作用を、すなわち命名されたものに存在者の価値を付与するものとそうでないものとを」（同前、二六六頁）区別しており、前者が「対象の名辞」である。「名辞は対象を思念する限り、いかなる場合にもその対象を命名している。しかし対象が直観的に現存していない場合、したがって命名されたものとしても（すなわち思念されたものとしても）現存していないような場合には、ただ単なる思念に終わってしまう。最初は空虚な意味志向が充実されることによって、対象的な関係が実現されるのであり、命名は名辞と命名されたものとの間の、顕在的に意識された関係となるのである」（前掲『論理学研究2』四八頁）。

（110）**命題論的な**《アポファンティック》「アリストテレスは真偽を帰属させることのできる言明、すなわち主張ないし陳述〔訳註（108）参照〕を apophansis と呼んだ。伝統的に論理学において命題（Satz）と呼ばれるものである。フッサールは彼の形式論理学を形式的対象学と形式的命題論という二つの対称的な部門からなるものとして構想したが、前者が存在一般の形式学であるのに対して後者は意味一般の形式学として位置づけられており、「概念」「命題」「真理」などの意味範疇の本質構造にもとづいている。〔……〕今日普通に論理学と呼ばれるものが扱う問題を、さらにより一般的な形式的体系のなかに統一的に位置づけ、確実な基礎を与えようというのが形式的命題論の狙いである」（前掲『現象学事典』の「命題論」の項）。

（111）**verbum あるいは legein**　verbum は「言葉、動詞」の意を表わすラテン語で、ギリシア語の「ロゴス」の訳語として用いられる。legein は「ロゴス logos」の語源の動詞で、もともと「拾い集める」の意であるが、さまざまな事を拾い集める言葉の働きを示す。したがって verbum も legein も、話す言葉《パロール》としてのロゴスのことだと考えてよい。

（112）**非独立的**　「ある意味が一つの具体的な意味作用の完全無欠な意味（die volle und ganze Bedeutung）を形成しうるような場合に、われわれはそれを独立的意味と呼び、そうでない場合には、非独立的と呼ぶであろう。したがってこの非独立的意味は、ある具体的意味作用の非独立的な部分作用の中でのみ実現され、この意味を補足する他のもろもろの意味と結合することによってのみ具体性を獲得しうるのであり、意味の全体(ein Bedeutungsganzes)の中でのみそれは《存在》しうるのである。このように定義された、意味そのものの非独立性こそ、われわれの見解では共義語〔訳註(113)参照〕の本質を規定するものである」(前掲『論理学研究3』一〇五頁)。

(113) **共義語**《サンカテゴレーム》「共範疇語」とも訳される。「「等しい」、「と結びついて」、「と」、「あるいは」のような孤立した共義語は、いっそう包括的な意味全体の関連の中においてでなければ、直観的な理解、すなわち意味充実を得られない」(前掲『論理学研究3』一〇七頁)。なお前掲『論理学研究2』第二部第三章第一六節の「訳注」に次のような注記がある。「彼〔アントン・マルティー〕によれば、「談話《レーデ》の関連の中で他の語句と結びつくことによってのみ完全な意味をもちうる言語記号」、つまり「単独では独立の心的現象を伝達しえないような言語手段」が共義的であり、「伝達可能な心的体験(心的現象)を単独で完全に表現しうる言語手段」、「単独で完全な意味を伝達しうるような言語記号」が自義的である。〔……〕フッサールもまた、自義語と共義語の本質的相違は、それらの表現する意味が独立的であるかどうか、すなわちその意味が具体的な意味作用の完全な意味を十分表明(die volle und ganze Bedeutung eines konkreten Bedeutungsaktes ausmachen)しうるかどうか、の違いにあると考え、意味そのものの非独立性が共義語の本質を規定すると見ている」(二六八頁)。

(114) **自分を与える〔与えられる〕** フランス語の代名動詞 se donner は、「自分を(に)与える」という再帰的用法を意味することも、「与えられる」という受動的用法を意味することもありうる(「自分を聞く=聞かれる」「自分を見る=見られる」等も同様)。また「自分を与える〔与えられる〕」は、おそらくハイデガーの「エス・ギープト es gibt」と関係がある。「世界そのものは、世界の内部にある存在者のひとつではない。けれども世界はこれらの存在者を規定していて、それらが、出会ったり、発見された存在者としてその存在において現われてきたりすることができるのも、実はひとえに世界が「与えられている」からなのである」(前掲『存在と時間』上、一六九頁)。「それにしても、現存在が——すなわち、存在了解の存在的可能性が——存在しているかぎりでのみ、存在が《与えられている》のである」(同前、四四二頁)。後者の一節について、のちにハイデガーは『「ヒューマニズム」について——パリのジャン・ボーフレに宛てた書簡——』(一九四七年)の中で、次のように説明している。「『存在と時間』においては、意図的に、また注意深く、次のように言い述べられている。すなわち、イリヤ・レートル[存在ガアル]、つまりドイツ語で言えば、「エス・ギープト」・ダス・ザイン[存在が「与えられている」、もしくはもっと正確に言えば、存在は「それが与える」ものである」と。イリヤ［ガアル］は、「エス・ギープト」［与えられている・それが与える］を、不正確にしか翻訳していない。というのも、ここで「与える」働きをするところの「それ」は、存在そのものだからである。「与える」とは、ところが、存在がみずからの真理を叶えさせるという具合に与える働きをするゆえんの、その存在の本質のことを名指している」（『「ヒューマニズム」について』渡邊二郎訳、ちくま学芸文庫、六六頁）。

(115) **言語素論者**　デンマークの言語学者L・イェルムスレウを中心とした言語学派。言語素論とは、「ソシュール F. de Saussure の教えに従って、言語それ自身が、手段としてではなく目的として与えられる言語理論を指している。〔……〕言語素論がめざすことばの科学は、内在的なものである。それは、自己閉鎖的な統一体としての、または〈独自な〉構造としての、言語のみを対象とする。それは、言語外のものではないような、恒常体を探求する」（前掲『ラルース言語学用語辞典』の「言語素論」の項）。

(116) **実質**《シュプスタンス》「現代言語学における〈実質〉と〈形相〉の対立は、その起源がソシュールの次の定式にさかのぼる。すなわち「言語は形相であって実質ではない」。この対立は、イェルムスレウにおいてはきわめて重要なものとなる。そこでは、実質は本質的に否定的なやり方で定義されている。形相でないもの、つまりあらゆる所与の対象の構造を構成する依存体系に入らないようなものが、実質である」（前掲『ラルース言語学用語辞典』

の「実質」の項)。「表現の実質」が「括弧に入れられる」ならば、声（音声的エレメント）と表現のあいだの本質的で「必然的な絆」が断ち切られ、その絆に立脚したフッサールの現象学的な企て全体が脅威にさらされると、デリダは言っている。

(117) **触れるもの＝触れられるもの**　明らかにメルロ＝ポンティの遺稿『見えるものと見えないもの』への言及である。「私の右手が物に触れようとしている私の左手に触れるときの、触覚についての真の触覚によって「触れる主体」が触れられるものの地位に移り、物の間に降りてくることになり、その結果、触覚は世界のただなかで、いわば物のなかで起こるようになるのである」（前掲『見えるものと見えないもの』一八五～一八六頁。ただし一部を簡略にした）。「触れることとおのれに触れること（おのれに触れること＝触れつつ‐触れられること）。この二つ［触れるものと触れられるもの］は身体にあっては合致しない。触れるものは厳密に言って、けっして触れられるものではない。といってこれは、それらが合致するのは「精神において」だとか、「意識」のレベルにおいてだという意味ではない。その継ぎ合わせが生じるためには身体以外の何ものかが必要なのである。つまり、その継ぎ合わせは触れえぬもののうちで生起するのである」（同前、三七二～三七三頁）。

(118) **対‐自**　サルトルの実存主義哲学の中心的概念であり、「それ自体において存在している物の存在が即自と呼ばれ、この即自を己れではないものとして、いわば無化しつつ対象として定立する意識つまり自己関係的な存在が対自と呼ばれる」（前掲『現象学事典』の「即自／対自」の項）。

(119)「言表《エノンセ》」「言表」は、一つあるいは複数の「文」からなる。「あらゆる理論的研究は、決してただ単に表現作用の中でのみ展開されるものでも、いわんや完全な言表の中でのみ展開されるものでもないが、しかし結局は種々の言表に帰着するのである。この「言表という」形式の中でのみ真理は、そして特に理論は、学問の永続的所有物となり、知識と今後の研鑽の、文書に記録され常時活用されうる財宝となるのである。思考と言語活動の結合が、つまり主張の形式をとる最終判断の現出様式が、本質的な根拠からみての必然的な様式であろうとなかろうと、更に高次の知的領域に、特に学問の領域に属する諸判断が、言語的表現なしには殆ど形成されえないことだけは、いずれにせよ確かである」（前掲『論理学研究2』一一頁）。「私の判断作用は、生成消滅する一時的な体験である。しかし言表が言表しているもの、つまり三角形の三つの垂線は一点で交わるというこの内容は、生成するものでも消滅するものでもない。私もしくは誰かが、この同じ言表を同じ意味で表明するたびに、そのつど新たに判断されるのである。判断作用はそのつど異なっている。しかし判断作用が判断するもの、言表が言い表わしているものは、常に同じである。それは厳密な語義において、同一のものであり、同一的な幾何学的真理なのである。言表が述べていることがたとえ誤りであろうと、あるいは全く不合理であろうと、どの言表の場合もそうなっているのである。このような場合にもわれわれは、真とみなしたり、言表したりする一時的な体験から、そのイデア的内容を、つまり多様性の中の統一としての言表の意味を区別するのである。われわれは明証的な反省作用のなかでも、そのような意味を、そのつど志向の同一なものとして認識するのであり、われわれは、そのような同一的意味を勝手に言表に挿入するのではなく、言表のうちにそれを見出すのである」（同前、五四～五五頁）。

(120) **エクリチュール**　フランス語の「書く écrire《エクリール》」という動詞の名詞（「書くこと」「書き方」「書かれたもの」）で、「話す言葉《パロール》」（音声言語）に対する「書く言葉《エクリチュール》」（文字言語）。プラトンからフッサールに至るまで、西洋哲学（形而上学）は、「書く言葉《エクリチュール》」に対する「話す言葉《パロール》」の優位の上に築き上げられてきた。たとえばプラトンの『パイドロス』（前掲書、一三六～一四三頁）の中で、ソクラテスは、パロールとエクリチュールを次のように対比している。一、パロールが「正しきもの、美しきもの、善きものについての教えの言葉、学びのために語られる言葉」（学問、哲学の言葉）であるのに対して、エクリチュールは「慰みや娯《たの》しみのため」の言葉（文学、詩の言葉）である。二、パロールが「ぜひ話しかけなければならない人々にだけ話しかけ、そうでない人々には黙っているということができ」るのに対して、エクリチュールは「それを理解する人々のところであろうと、ぜんぜん不適当な人々のところであろうとおかまいなしに、転々とめぐり歩く」。三、パロールが生まれつき「自分をまもるだけの力」をもった、「父親の正《せい》嫡《ちゃく》の子」であるのに対して、エクリチュールは「自分だけの力では、身をまもることも自分をたすけることもできない」いわば私生児である。四、パロールが「ものを知っている人が語る、生命をもち、魂をもった言葉」であるのに対して、エクリチュールは「ものを知っている人々に想起の便をはかるという役目を果すだけのもの」であり、外的な「しるし」にすぎない。訳註（22）も参照。

（121）**述語**　伝統的な論理学においては、真偽を判定できる文（「述定」あるいは「陳述」）が命題と呼ばれるが、命題（「SはPである」）は、一般的に、「主語 sujet」と「述語 prédicat」とその両者を結びつける「繋辞 copule」からなると考えられている。訳注（108）〜（110）をも参照。

（122）**時間図表**　「図の縦軸がおのおのの時間位相（Zeitphase）であり、各位相は原印象Uとその把持Rからなり、把持はそれに先行する把持を〈把持の把持……〉として把持している。たとえば図中のR^3_1は、第三の時間位相における第一の時間位相の把持（それ

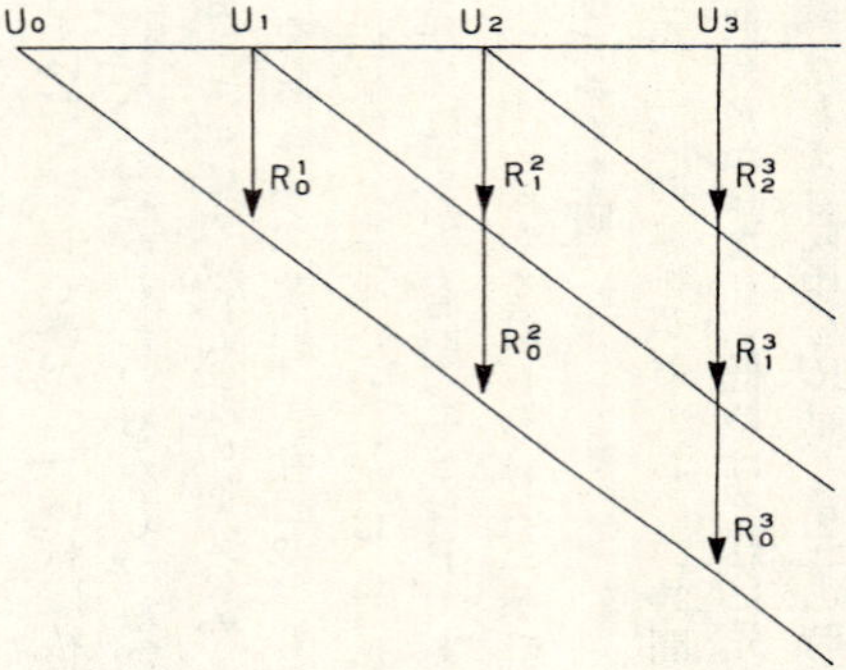

は第二の時間位相における第一位相の把持の把持である）を表す。おのおの時間位相（縦軸）は、それぞれある特定の現在へと向けられているが、原印象に連なる把持の連続体は、現在の拡がりを構成しつつ過去へと沈下してゆく地平意識の性格をもった非対象化的意識である点が注意されてよい（予持についても事情は同様である）」（前掲『現

象学事典』の「時間」の項）。

（123） **与格**　他に直接目的補語の名詞（句）を持つ構文において、間接目的補語として付与の文法機能を表わす前置詞句（たとえば「〜に」）をとる場合、これを与格と呼ぶ。つまりここでは、「自己に対して」「自己に与える」という意味を表わす。

（124） **〈自己-の-代わり-に〉**　訳註（118）で触れたように、「対自」（für sich, pour soi）は、対象を定立しながら、自己を非定立的に意識している意識的存在であるが、訳註（58）で述べたように、ドイツ語の für もフランス語の pour も、対象の前置詞（〜に対して）であるとともに代理の前置詞（〜の代わりに）でもあることから、デリダはここで、「対-自」（「自己-に-対して」）を「自己-の-代わり-に」と読もうとしているのである。

（125） **多価的**　たぶん「多価的（外延の広い、普遍的な）」（前掲『論理学研究2』五九頁）のこと。フッサールによれば、「多価性 Vielwertigkeit」とは、「多数の諸対象に述語的に関係づけられうる」（同前、六四頁）性質であって、普遍的名辞の「多価性」が、複義的名辞の「多義性」と区別される。

（126） **分節化された**　「分節化《アルティキュラシオン》」は、本書の二二八頁では、「意味と記号の構成における差異の「弁別的な《ディアクリティック》」働き」だと説明されているが、この語にはハイデガー的な含意がある。ハイデガーの『存在と時間』によれば、「現存在の構成の根源的な全体性は分節をそなえた全体性である」（前掲『存在と時間』下、二二九頁）。現存在（世界＝内＝存在としての人間）の前に、世界は、初めからのっぺらぼうな存在として立ち現われてくるのではなくて、道具性、有用性といった「目的―手段」の指示連関の全体（「有意義性 Bedeutsamkeit」）として立ち現われる。そこには、現存在が、いつもすでにこの「有意義性」を予め《あらかじ》「了解」しているという「予め」構造が認められる。「現存在は、了解というありさまで、おのれの存在をさまざまな可能性へむけて投企する（訳註（131）参照）」のであり、さらにその「了解 Verstelen」を「解釈 Auslegung」に発達させることによって、「自分が了解していることがらを、了解的に領得するのである」（前掲『存在と時間』上、三三一頁）が、「解釈において分節される事柄そのもの、そして了解においてそもそも分節可能のものとしてあらかじめ画示されている事柄は、意味である」（同前、三三二頁。ただし「解意」を「解釈」に変えた）。「了解可能性は、それを領得する解釈がおこなわれる以前にも、いつもすでに分節されている。話〔Rede〕は了解可能性の分節である。したがって、それはすでに解釈や言明（＝陳述）の基礎になっているわけである。われわれは、解釈において——したがっていっそう根源的にはすでに話において——分節されうるものを、意味となづけておいた。話による分節において分節されたものそのものを、われわれは、意義全体となづける」（同前、三四五頁）。この「分節」は、当然のことながら、デリダの「差延」にまで徹底されなければならなかった。

(127) **純粋記述** 「現象学固有の《純粋》記述は——すなわち諸体験（たとえ自由想像の中で虚構された体験であれ）の類例的個別直観に基づいて行なわれた本質観取（Wesens-erschauung）と、観取された本質の、純粋概念における記述的固定化（Fixierung）は——経験的（自然科学的）記述ではなく、むしろそれはあらゆる経験的（自然主義的）統覚と措定の自然的遂行を排除するのである。〔……現象学は〕《本質》（本質類概念、本質種概念）の純粋直観的把握に基づいてのみ洞察されうるものについて論ずるのである。つまりそれは、純粋算術学が数について、幾何学が空間形態について、純粋直観に基づいてイデア的普遍的に論ずるのと全く類似している」（前掲『論理学研究2』二五頁）。

(128) **非-文法性** 特に生成文法において、文が文法の規則にかなっていないこと。

(129) **著作家の死** 一九世紀フランスの詩人ステファヌ・マラルメは、「詩の危機」の中で、「純粋著作は、詩人の語り手としての消滅を必然の結果として齎らす。詩人は主導権を語群に、相互の不等性の衝突によって動員される語群というものに譲るのである。そして語群は、あたかも宝石を連ねたあの玉飾りの上における灯影の虚像の一条の連鎖のように、相互間の反射反映によって点火される」(『マラルメ全集II』松室三郎ほか訳、筑摩書房、二三七頁)と書いているが、このマラルメの「非人称の詩学」は、とりわけモーリス・ブランショの批評(『文学空間』一九五五年、『来るべき書物』一九五九年)を通して、一九五〇年代、六〇年代のフランスの文学界、思想界に浸透した。たとえばロラン・バルトは、一九六八年に発表された「作者の死」の中で、次のように書いている。「フランスでは、おそらく最初にマラルメが、それまで言語活動《ことば》の所有者と見なされてきた者を、言語活動《ことば》そのものによって置き換えることの必要性を、つぶさに見てとり予測した。彼にとっては、われわれにとってと同様、語るのは言語活動《ことば》であって作者ではない。書くということは、それに先立つ非人称性――これを写実主義小説家の去勢的な客観性と混同することは、いかなる場合にもできないだろう――を通して、《自我》ではなく、ただ言語活動《ことば》だけが働きかけ《遂行する》地点に達することである。マラルメの全詩学は、エクリチュールのために作者を抹殺することにつきる」(『物語の構造分析』花輪光訳、みすず書房、八一～八二頁)。

(130) **ポーの奇怪《エクストラオルディネール》な物語** 本書のエピグラフに引用されたエドガー・アラン・ポーの短篇小説『ヴァルドマール氏の病歴《ケース》の真相』のこと。

(131) **認識の投企《プロジェ》** 「投企」は、ハイデガーの『存在と時間』における基本術語。ハイデガーの実存論的存在論によれば、「現存在」（「世界＝内＝存在」としてのわれわれ人間）の在り方は、世界に対して開かれているということ（「開示性」）である。この「開示性」は、一方では、その受動的側面としては、「現存在」が「世界＝内＝存在」として世界の中に投げ出されていること（「被投性」）であるが、他方で、これを能動的に捉えるならば、「現存在は、了解というありさまで、おのれの存在をさまざまな可能性へむけて投企する（自分の身を投ずる）」（前掲『存在と時間』上、三三一頁）のであり、「了解は、現存在の存在を、それの主旨（目的）へむかって投企するばかりでなく、それとおなじく根源的に、現存在のそのつどの世界の世界性としての有意義性へむかって投企する」（同前、三一四頁）のである。ところで「了解はその投企的性格において、われわれが現存在の視（Sicht）となづけるものを実存論的に構成している」（同前、三一七頁）のであるが、この「視」は、本来的な意味での「自己認識」、自己の「自覚」として理解されなければならない。なぜならこの「視」あるいは「見る」という言葉は、「肉眼で知覚することを指すわけではないだけでなく、また、客体的なものをその客体性において単純に非感性的に覚知することだけを指すものでもない。視という言葉を実存論的な意味で用いるについては、見ることが、自分に接しうる存在者をありのままに蔽いなく出会わせるというそれの特徴だけを考えに入れている」からであり、「哲学の伝統は始めから、存在者と存在とへの近づき方として、「見る」ことに主たる手引きを求めてきた」（同前、三一八〜三一九頁）のである。なおフランス語の「投企《プロジェ》 projet」は、「前に pro 投げること jet」「予-投」の意であり、すぐあとに出てくる「予め-見えるもの pro-visoire」「予-視 pro-vision」とともに接頭辞「予 pro」のグループを形成している。

(132) **予《プロ》-視《ヴィジオン》**　このあたりの記述は、ハイデガーの『存在と時間』第一編第五章第三一節「世界の「了解としての現＝存在」」および第三二節「了解と解意」にほぼ準拠している。「世界の内部で存在するものが、現存在の存在によって発見され、すなわち了解されるようになったとき、われわれは、それは意味（Sinn）をもつ、と言う。しかし、厳密にいえば、了解されたのは意味ではなく、その存在者もしくはその存在である。意味とは、あるものの了解可能性がそのなかに身をおいているところのことである。了解的開示において分節されうるものを、われわれは意味となづける。意味の概念は、了解的解釈によって分節される事柄に必然的にそなわっているものの形式的骨組を包括する。意味とはすなわち、あるものがそこからしてしかじかのものとして了解可能になるところ、すなわち投企において見越されていたものの、予持と予視と予握によって構造された目あてのことである。了解と解釈とが現の存在の実存論的構成をなしているかぎり、意味とは、了解にそなわる開示態の形式的＝実存論的な骨組としてとらえられなくてはならない。意味とは、現存在の実存範疇のひとつであって、存在者に付着したり、存在者の「背後に」ひそんでいたり、あるいは「中間領域」としてどこか宙に浮かんでいるような属性ではない。意味を「もつ」のは現存在だけである。けだし、世界＝内＝存在の開示態は、それのなかで発見される存在者によって「充実」されうるからである」（前掲『存在と時間』上、三二七〜三二八頁。ただし「解意」「先持」「先視」「先取」をそれぞれ「解釈」「予持」「予視」「予握」に変えた）。なお「予持」「予視」「予握」に関しては、中公バックス『世界の名著』第74巻『ハイデガー』所収の『存在と時間』（原佑・渡辺二郎訳）の同じ節（第三二節）に、次のような適切な訳注が付されている。「われわれが、道具的存在者の何であるかを明らかにし、解釈しようとするときには、その道具的存在者がいかなる適用のもとで適具でありうるかを、したがってその適所全体性を、あらかじめ所持していなければならない（予持）。さらに、そのときにわれわれは、解釈するための視点をあらかじめ定めているはずであるし（予視）、そのかぎりわれわれは、その道具的存在者の何であるかを、あらかじめ概念的に把握しているわけである（予握）。以上のような「予持」・「予視」・「予握」の全体は、後に「解釈学的状況」と呼ばれる」（二七五頁）。

(133) **エンテレケイア**　「アリストテレスはデュナミス dunamis（可能態）としての質料

hylēが、その目的telosとしての形相eidosを実現している状態を「エンテレケイア」entelekheia（完全現実態）とよんだ」（前掲『現代哲学事典』の「完全性」の項。ただし簡略にした）。なお訳註（33）および（95）をも参照。

（134）**判明であるばかりか「明晰な」明証性**　「フッサールでは、明晰性と判明性とは論理学を「真理の論理学」と「整合性の論理学」とに分けるノエシス的規準とされるが、そのさい真理とは事態（もしくは事実）それ自身が与えられること（事態の自己所与性）であり、これは事態についての判断が明晰であることにほかならない。それに対して判断が無矛盾（整合的）であるとき、その判断は判明性をもつとされる。矛盾した判断は真理でありえず、真なる判断は少なくとも無矛盾でなければならないが、逆に判断が整合的だからといって真理であるとはかぎらない。言い換えると明晰な判断は判明性をもつが、逆に判断が判明性をもつからといって必ずしも明晰性をもつとはかぎらない」（前掲『現象学事典』の「明晰性／判明性」の項）。

（135）**本質的に主観的な表現**　「「本質的に主観的な表現」とは、具体的状況を顧慮することなしにはその意味を特定することができない「偶因的な表現」（訳註（103）参照）である。「われわれがこれまで調べたさまざまな種類の表現は、意味の変動する表現であり、話しの偶然的状況がこの変動に影響を及ぼす限りにおいて、総じて主観的であり状況的

(gelegenheitlich) であるような表現であった。そしてそれらの表現には、それらとは別の表現が、すなわち通常その意味が一切の動揺を免れているという点で、広い意味では客観的で確定《フェスト》的な表現が対立していた」(前掲『論理学研究2』九九頁)。

(136) **「無限に」の無際限性**　訳註(28)の説明にもあるように、〈理念《イデー》〉は個々の経験を超えているために認識できない。したがって「理念としての絶対空間とは、すべての経験的な空間を包み込みそれ自体不動とみなされる空間であり、それは無制限に、無条件に、無限定に広がっている。そして、理念としての絶対時間もこれに対応して、それ自体不動の、無制限に、無条件に、無限定に広がっている時間であり、その絶対的な総体性がけっして超越論的総合によって構成されえない時間である」(中島義道著『カントの時間論』岩波現代文庫、二四九頁)。

(137) **臨在《パルーシア》**　ハイデガーの『存在と時間』によれば、古代存在論において、存在の意味は、「*παρουσία*(臨在)ないしは*οὐσία*(現在)として、——すなわち存在論的・時節的には「臨在性」を意味するものによって規定されている〔……〕。存在者はその存在において「臨在性」(《Anwesenheit》)として捉えられている。ということは、とりもなおさず、それはある特定の時間様態たる「現在」(Gegenwart)を顧慮して了解されているということなのである」(前掲『存在と時間』上、七三〜七四頁)。

(138) **肯定的無限** ヘーゲルによると、「無限」は「真無限」と「悪無限」に分けられる。「悪無限」は「有限の彼岸」であるが、「有限と対立しているゆえに有限と相互規定の関係にあり、その相互規定は「無限進行」(Progreß ins Unendliche)「永続的な当為」として現象する。〔……〕これに対して真無限は、有限を自己内に含む無限である。これは悪無限をも契機として含んでいるが、しかし有限と悪無限の単なる統一(抽象的で運動のない自己同等性)ではなく、「生成 Werden」〔『大論理学』〕「過程 Prozeß」〔同前〕という動的なものであるといわれる。これを認識するのは理性であり、真無限は「理性の無限」〔同前〕である。悪無限が有限なものの「抽象的な最初の否定」〔同前〕であるのに対して、真無限は「否定の否定」「肯定」であるので、悪無限が「否定的無限性」〔同前〕と呼ばれるのに対して、真無限は「肯定的無限性」〔同前〕と呼ばれる」(『ヘーゲル事典』〔加藤尚武ほか編、弘文堂〕の「無限」の項。ただし出典頁数を省略した)。

(139) **「絶対知」** 「ヘーゲルは『精神現象学』序文において、「学の土台であり、地盤」として絶対知を語り、その在り方を「絶対の他的存在のうちに純粋に自己を認識すること(das reine Selbsterkennen im absoluten Anderssein)」〔『精神現象学』〕として示している。絶対の他的存在をもって存在とし、認識するものをもって思惟とすれば、絶対知は思惟と存在との一致において成立する知であり、このかぎりで物と知性との一致という伝統的な真理概念を追うものであると言ってよい。問題は、ヘーゲルにおいて、この一致を保証するものは何か、ということである。伝統的形而上学は、この際の物をもって自体的に存在する実体とし、そして知性を人間の有限的知性を超えて究極的には自足的に存在する神の知性に帰せしめることによって、物自体の認識の可能性を説いた。これに対して、カントはこの伝統的形而上学の独断性を暴露して、存在する物は主観の認識形式の制約の下に与えられると説いて、物自体の認識の不可能性を明らかにした。思惟と存在との一致という真理概念は、カントにおいても維持されたが、それは「経験一般の可能性の諸制約は、同時に経験の諸対象の可能性の諸制約である」というかぎりにおいてであって、そこに物自体と現象との二元的対立は免れなかった。このときヘーゲルの自己関係と他者関係とを併せもつ絶対知の定式は、まさにカントの超越論的立場を生かしながら、伝統的形而上学の要求を充たすことを目指すものとして、それぞれがもつアポリアを一挙に解決する構造をもつものである。というのは、ここで物と知性とをそれぞれ独立なものとして区別し、認識を持って或いは実体に外から属性を付与したり（客体的形而上学）、或いは感性的質料に認識形式を付与すること（カント超越論的哲学）と捉える立場を批判して、ヘーゲルは両者を一つの認識過程を形づくる二つの契機として、そして主体の主体性をこの過程そのものの主体に見出したのだからである。

これが精神にほかならない。今や、物と知性、ヘーゲル的に表現すれば実体と主体、即自存在と対自存在、意識と自己意識との対立は精神のうちに止揚されたのである。ところで、こうしてヘーゲルにおいて絶対知は精神の自己知（der sich als Geist wissende Geist）〔同前〕として成立するのであるが、このとき絶対知が単に認識論的な問題地平において成立する理論知ではなく、何よりも歴史的世界に生きる人間の倫理的生を地盤に成立する実践知であることに留意しなければならない。〔……〕ヘーゲルが絶対知の絶対知である所以を、ここにおいて「自我は自分の他的存在において自己自身の許にある」（daß ich in seinem Anderssein bei sich selbst ist）〔同前〕と語り出すとき、この定式が同時にヘーゲルにおいて共同生活における自由の在り方を示す定式でもあることに注意すべきであろう」（前掲『ヘーゲル事典』の「絶対知」の項。ただし出典頁数を省略した）。

(140) われわれはもはや知らない　このあたりの記述は、明らかにバタイユを、ヘーゲルと対決したバタイユを示唆している。「科学そのものを超え出る非＝知、科学そのものをいずこからいかにして超え出るべきか知っているような非＝知、かようなものは、これを科学的に形容できるものではあるまい〔……〕。この非＝知は、知の歴史が、《弁証法に把捉された一形態》と規定しているあの非＝知ではないのであって、《エピステメー》

そのもの、哲学そのもの、そして科学そのものの、絶対的超出とみるべきであろう」（「限定経済学から一般経済学へ――留保なきヘーゲル主義――」三好郁朗訳、ジャック・デリダ著『エクリチュールと差異』（下）所収、法政大学出版局、一九三頁）。

(141) 何も意味しない〔言おうとしない〕「私は、意《ヴロワール》-味する《ディール》〔言-おうとする〕こととは〔何か〕という問いを書こうとしているのです。だから、そのような場の中では、そしてそのような問いに導かれている以上、エクリチュールは、文字どおり〈何も-意-味-しない〔何も-言-おうと-しない〕こと〉が必要なのです。エクリチュールが不条理なものだから、つまり形而上学的な意-味すること〔言-おうとすること〕とつねに体系をなしてきたそうした不条理性に属しているからではありません。ただたんにエクリチュールは、意-味すること〔言-おうとすること〕が息切れする地点で、みずからを試練にかけ、みずからを緊迫させているだけ、あくまでもその地点に踏みとどまろうとしているだけなのです。危険を冒してまで〈何も-意-味-しない〔言-おうと-しない〕こと〉は、戯れの中に、何よりも差延《ディフェランス》の戯れの中に入ることなのです」（前掲『ポジシオン』二五～二六頁。ただしここは拙訳）。

(142) 含まれていない「記号」や「写像《ポルトレ》」は、「或るものの変様」（前掲『イデーンI-II』一五六頁）であり、「再現前化〔=準現在化〕」であるから。

(143) **声《フォネーム》と響き《アクメーヌ》** それぞれのギリシア語の語源から、「発された音声《フォーネーマ》」「聞こえた音声《アクーメノン》」の意。

(144) **イカロス** 迷宮ラビュリントス脱出のために、ダイダロスの子。父とともにラビュリントス脱出のために、ダイダロスの発明した翼を身につけて、空中を飛んだが、父の命に従わず、高く飛翔したため、太陽の熱で翼の蠟が溶けて、イーカリオス海に墜死した」(高津春繁著『ギリシア・ローマ神話辞典』岩波書店、五〇頁)。

(145) **「視線」は「とどまる」ことができない** 前掲『イデーンI-II』の次の一節への言及であろう。「さきに挙げた例で言えば、次のようになる。すなわち、目差し〔視線〕は、ドレスデンの美術館の画廊の段階の中にとどまったままでいることができる。そうなれば、われわれは、「想起しながら」ドレスデンとその美術館の画廊の中を散歩することになる。けれども次にはわれわれは、これまた同じく想起の内部で、たくさんの絵の鑑賞に耽り、こうしてそのときには写像世界の中にいることができる。さらにその次には、第二段階の写像意識において、あのたくさんの絵を展示した画廊を描いた絵の方に配慮して、われわれは、そこに描かれたたくさんの絵を眺めるわけである。或いはまたわれわれは、各段階ごとに、もろもろのノエシスの方を反省する、等々のこともあるであろう」(二六〇〜二六一頁)。

訳者解説

フッサールを読むデリダ

人が自分の生涯について語ることをそのまま鵜呑みにするほど馬鹿げたことはないが、すべては虚構だと思い定めてしまえば、かえって虚構の中に真実はあると言えなくもない。デリダの言葉を信じるならば、デリダは一四、五歳の頃から作家になる夢を抱く一方、生計を立てるために文学の教師になろうと思っていた。だがリセでギリシア語を履修していなかったという単純な理由から、文学の教師になるための資格試験を受けることができないということを知ったデリダは、結局のところ、こう考えた。「どうして二つのことを両立させて、哲学の教師にならないのか、と。当時の偉大なお手本たちは、サルトルのように、同時に文学と哲学をやっている人たちでした。そんなわけで、徐々に、文学的エクリチュールをあきらめずに、職業としては、哲学がよりよい方策だと考えたのです」(『言葉にのって——哲学的スナップショット』林好雄・森本和夫・本間邦雄訳、ちくま学芸文庫)。

高校生が描く夢としては奇妙にも醒めた夢だという気もするが、それはデリダが、フランスの植民地アルジェリアのユダヤ人として生まれたことと無関係ではないだろう。少数のフランス人植民者《コロン》が圧倒的多数のアラブ系住民を支配し、搾取するという典型的な植民地的構図の中で、フランス人植民者よりもさらに少数であったユダヤ人は、「支配する側とも支配される側とも言いがたい」(『哲学への権利/法学から哲学へ』) 実に奇妙な立場に置かれていた。一八七〇年のクレミュー政令《デクレ》以来、植民地政策の一環として、アルジェリアのユダヤ人にはフランス市民権が認められていたのである。

ところが第二次世界大戦下の一九四〇年、ペタン元帥を首班とする親独のヴィシー政権は、クレミュー政令を廃止して、アルジェリアが解放される四三年までの二年余り、ユダヤ人のフランス市民権を剝奪したのである。デリダ自身、四二年、リセ二年生(一二歳)の新学期初日に、ヴィシー政権のとったユダヤ人生徒「入学者数制限」政策によって、自分では理由がわからぬままにリセを放校され、一年半後の四四年春になって、やっとリセに戻ることができた。こうした体験がデリダに、どこかに自分のいられる場所を確保しておかなければという気持ちを植えつけたということは、考えられないことではない。おまけにそんな状況下で、ひそかに作家になることを夢見て文芸雑誌の山をいくつも貯めこむような少年は、家族の理解の範囲を超えた存在であったにちがいない。

ともかくもリセ卒業後、アルジェで一年、パリで三年の受験準備学級を経て、三度目の受験で、デリダは難関の高等師範学校《エコール・ノルマル・シュペリウール》に合格し、哲学専攻の師範学校生《ノルマリアン》となるが、デリダがそこで研究対象として選んだのは、エドムント・フッサールだった。

しかし、なぜフッサールだったのだろうか。少年時代のデリダが熱中したのは、とりわけルソーとニーチェだったし、なにより「涙もろい作家たちしか読みたくなかった」（『割礼告白』）と言うデリダと、数学の研究から始めて哲学に転向し、「厳密な学としての哲学」を唱えて現象学を創始したフッサールとは、二人ともユダヤ人だという共通点はあるにしても、どこかそぐわない感じがする。のちにデリダは、「私にとって、最初からすでに、フッサールや現象学や現象学の教育は、厳密さの規律であり、方法であって、それに対して私が体系的に冷静に平穏に身を屈したのであればあるほど、私は、フッサールに親密感もパトスも《共感》も抱きませんでした」（『言葉にのって』）と言っているのだから。

もっともノルマリアンの哲学者としての選択ということならば、デリダの選択は、それほど意外なものではない。エマニュエル・レヴィナス（『フッサール現象学における直観の理論』一九三〇年）による非常に早い時期の紹介のあとで、フッサールの現象学を本格的にフランスに導入したのは、ジャン＝ポール・サルトル（『想像力の問題』一九四〇年、『存在と無――現象学的存在論の試み』一九四三年）とモーリス・メルロ＝ポンティ（『知覚の現象学』一九四五年）という二人のノルマリアンだったし、フッサールにおける「意識の優位」とその直観主義を批判したジャン・カヴァイエスの教えを受けたトラン（チャン）＝デュク＝タオ（彼らもまたノルマリアンだった）は、フッサールの「発生的現象学」への歩みを綿密に跡づけながら、これをマルクス主義の弁証法的唯物論の立場から批判的に考察して、その成果を一九五一年に『現象学と弁証法的唯物論』として刊行している。

こうしたフランスにおける現象学の多彩な展開の中で哲学の勉強を始めた一学生が、その原点であるフッサールの研究に取り組むことになったのは、ある意味では自然の成り行きだったかもしれない。作家になりたいという夢をあきらめないための職業選択上の方策として哲学を選んだ以上、その本格的な土俵の上で充分な力量を発揮する以外に、一人前の哲学者になる道はないというような気持ちが、デリダにあったのだろうか。

ところが、デリダの言葉を信じるならば、この頃のデリダは、「まるで、文学を書きたいという欲求、文学および文学的エクリチュールとは何かということを哲学的に考えたいという欲求と、その二つを同時にやりたいという欲求とのあいだの一種の和解、一種の妥協を自分に課さなければならないとでもいうかのように〔……〕フッサールの現象学の中で、私がエクリチュールを問題化することができるのはいったい何かと探って」（同前）いたらしい。だとするとデリダの初期のフッサール研究を、サルトルの『文学とは何か』

（一九四七年）、モーリス・ブランショの『文学空間』（一九五五年）、『来るべき書物』（一九五九年）、ロラン・バルトの『エクリチュールの零度《ゼロ》』（一九五三年）といった系譜の中で捉え直さなければならないことになるだろう。

いずれにせよ、その動機や理由はどうであれ、フッサールの現象学を研究対象に定めたデリダは、一九五六年、『フッサール哲学における発生の問題』（一九九〇年に新たに「緒言」をつけて刊行される）によって哲学の教授資格試験に合格。六二年、フッサールの『幾何学の起源』に長文の「序説」を付して翻訳刊行。六六年、ギリシアの『エポケー』誌に「現象学と形而上学の閉域」を寄稿。この間、六〇年からはソルボンヌの「一般哲学・論理学」講座の助手、六四年には母校エコール・ノルマルの講師となっている。

そして一九六七年、『エクリチュールと差異』（五九年に口頭発表された「《発生と構造》と現象学」が収録されている）と『グラマトロジーについて』とともに、本書『声と現象――フッサールの現象学における記号の問題入門』が刊行されるのである。

純粋に、単純に

デリダは、『声と現象』の中で、フッサールの『論理学研究』（第二巻『認識の現象学と認識論のための諸研究』一九〇一年）の第一部「表現と意味」を綿密に読解している。もしその読解に問題があるとすれば、それが綿密すぎるということ、おそらくフッサール自身による読解よりもさらに綿密な読解だということだけである。

フッサールが、論理学の現象学的、認識論的解明の基礎となる記号と言語の問題を集中的に論じた第一部「表現と意味」の中から、デリダは、たった一つの身ぶりを際立たせている。それが、「還元する」ことである。周知のように、フッサールが「現象学的還元」という用語を最初に使ったのは、一九〇七年の講義『現象学の理念』においてだとされるから、デリダは、あとで生まれた概念によって、それ以前の著作を読み解こうとしていることになる。デリダは、「どのページにも形相的および現象学的還元の必要性――あるいは暗黙の実践――が読み取られる」（本書八頁）と明言しているが、端的に言って「還元」とは、記号から不純物を除外し、消去して、単純化、純粋化することなのである。ざっと数えたところ、『声と現象』の中に「還元 réduction」あるいは「還元する réduire」という語が現われるのは、およそ六〇回ほどだが、「純粋な pur」「純粋に purement」は一二〇回以上、「単純な simple」「単純に simplement」を含めると一六〇回以上にのぼる。

だから、デリダは「現象学的還元」という現象学の根本的操作を「単純化」「純粋化」という身ぶりに矮小化しているのだという反論がなされるかもしれないが、デリダは、西洋哲学史上における「現象学的還元」の斬新さと重要性を最大限に評価している。デリダはただ、その「還元」が、『論理学研究』における記号の「単純化」あるいは「純粋化」に決定的に、根底から立脚したものだということを示そうとしているだけなのである。デリダが浮き彫りにしたその「身ぶり」の大ざっぱな見取り図を描いてみよう。たぶんそうしたからといって、読者の読む楽しみを奪うことにはならないだろう。

一、まず最初にフッサールは、「記号」から「指標作用」を「還元する」(フッサール自身は、「除外する」とか「区別する」と言っている)。「指標」(火星の運河、チョークの印、焼印)が指示するのは、世界内の「現実存在《エグジスタンス》」だからである。

二、実在的《レアール》な「指標」が還元されると、あとには「表現」が残るが、この「表現」にはまだ「指標作用」が絡みついている。だからフッサールは、次にそこから表情や身ぶり(態度)を還元しなければならない。表情や身ぶりには、意志的な「意‐味 Bedeutung(言‐おうとすること)」が欠けているからである。

三、さらにフッサールは、「表現」から、「伝達作用」と「表明＝告知作用」を還元する。「伝達作用」と「表明＝告知作用」は、必然的に「他者への関係」を前提としているが、その作用が「本質的に指標的であるのは、他者の体験の現前性が、われわれの根源的直観に対して拒まれているからである」(本書八八頁)。

四、こうして実在的世界と他者への関係とを捨象した「孤独な心的生活」において、純粋な「表現」の層が現出するのであるが、この層自体は「非生産的な」「媒体」であって、その下層にある「前‐表現的な層」を「反映している」にすぎない。したがって最終的には、この「表現の層」をも還元して（つまり言語全体、記号全体を還元して）、これ以上は還元不可能な、最下層の沈黙した「前‐表現的な意味の層」を露《あらわ》にしなければならないだろう。

還元と脱構築

いまや度重なる「還元」（そこで除外され、消去される不純なものはすべて「指標作用」と見なされる）によってフッサールが明らかにしようとしたものが、どのようなものであったのかがわかる。それは、まさしく現象学の「諸原理の原理」である「根源的・能与的明証性」であって、そこで対象は、純粋な意味として、つまり現象学的な沈黙の「声」として、「生き生きした現在」の現前性において、「充実した根源的直観」へと根源的に与えられ、現前するのである。フッサールは、その場《ミリュ》を、客観的で論理的な意味の「自己‐触発」的「発生」の場として取り出したいと望んだのである。

フッサールの論理学における「指標作用」に対する「表現」の優位は、「表現」が「前‐表現的な意味の層」をただ「鏡に映し出す」だけの純粋な、それ自身は「非生産的な層」だと見なされることによるが、「表現」は、「意味〔Sinn〕の根源的で前-表現的な層」のすべてを反映しているわけではなくて、ただその「論理的意-味〔Bedeutung〕」だけを反映しているのである。またフッサール自身も認めているように、「表現」にとって本質的な作用は「意味志向作用」であって、直観によって「対象性への関係」が実現される「意味充実作用」は、「表現」の「非本質的な構成要素《コンポザント》」であり、「場合によっては起こりうる」ような特殊なケースであるのにもかかわらず、フッサールにとって「表現」の目的《テロス》あるいは使命は、「直観に顕在的《アクチュエルマン》に与えられるような意味の全体性を、現前性の形式において復元すること」（本書一六六頁）なのである。論理《ロゴス》中心主義と直観主義（現前性主義）。「還元」は、最初から明確な目的論によって貫かれていたわけである。

　しかし、フッサールの「還元」の本当のねらいが「前-表現的な意味の層」にあるのだとすれば、また「前-表現的な」ということが、言語や記号に汚染されていないという意味だとすれば、奇妙なことに、日本語で言うといっそう奇妙なことに、「意味作用《シニフィカシオン》〔記号作用〕のない意味《サンス》」というものがあることになるが、そんなものを想像することができるだろうか。そもそも、一枚一枚不純な外皮を剝ぎ取っていって最後に純粋な核を取り出し、次いで今度はその外皮を重ねていくことによって元通りのものを復元するというような組み立て式モデルは、単純すぎるのではないか。フッサール自身、「こうした成層のイメージを過大評価しないように」注意を促して、「表現は、上に塗られたニスのようなものでも、重ね着された衣服のようなものでもない。それは、精神的な形成層であって、志向的な下部層〔体験の層〕に新たな志向的機能を及ぼすものだ」(『イデーンI』第一二四節)と述べているが、あとからつけ加わると思われているもの(記号)が当のもの(意味)の可能性に不可欠であるとしたら、まったく別の説明モデルが必要となるだろう。デリダは、記号の「本質的区別」に基づくこうした着脱可能な組み立て式モデルは、「時間化の運動」と「間主観性の構成」という現象学の二つの決定的契機において破綻しており、現象学はみずからのうちに矛盾とアポリアを抱え込むことになると言うが、ソシュールの「示差性」の概念(言語は「差異《ディフェランス》の体系」である)を持ち出すまでもなく、今日、デリダの言う「痕跡」「代補」「差延《ディフェランス》」「エクリチュール」の運動の方が、「現象学的な声」における直観的な意味の現前性よりもいっそう「古く」、いっそう根源的(それが「根源」だという意味ではまったくない)だと考えることには、充分な妥当性が認められるのである。

おそらく『論理学研究』における「還元」(単純化あるいは純粋化)は、論理的思考としての哲学を、そしてその基盤である論証的言語を、虚構的な言語使用(文学的エクリチュール)から守ろうとする本能的な身ぶりだった。西洋形而上学の根底的批判を企図したフッサールの現象学は、その根源において、「生き生きした現在」の「現前性」に立脚しているという点（直観主義）で、また「記号」に汚染されない思考の純粋領域を前提としている点（ロゴス中心主義）で、形而上学そのものであった。しかしだからといって、現象学の根源を構成する矛盾やアポリアを露呈させることによって、現象学を、そして「現象学的還元」を否定し、放擲することが問題なのではない。そもそもデリダの「脱構築」は、自分の命題の正しさを証明するために、相手の矛盾点を指摘するような論証的方法ではない。それは、徹底的なテクストの読解である。現象学による「形而上学批判」が「形而上学」に回収されるのは、なぜなのか。その問いを、「現象学的還元」が切り開いた地平の斬新さと重要性を尊重しながら、その矛盾とアポリアを単純に否定したり、弁証法的に止揚したりすることなく、その場に踏みとどまって思考しつづけなければならない。というのも、フッサールの運命はまたデリダの運命でもあって、現象学のたどった道は、あらゆる論証とあらゆる言述《ディスクール》がたどることになる道だからである。父ダイダロスの作った迷宮から脱出し損ねて墜死するイカロスは、あらゆる「書く人」の自画像である。おそらくデリダは、最初からその「イカロスの道」をたどる覚悟をしていた。そしてその覚悟が、デリダを生涯哲学に、つまり形而上学の閉域《クロチュール》に引きとどめることになったのである。

本書は Jacques Derrida, *La voix et le phénomène——Introduction au problème du signe dans la phénoménologie de Husserl* (Presses Universitaires de France, 1re édition : 1967, 2e édition corrigée : 1998, 3e édition : 2003) の全訳である。本書にはすでに、初版に基づいた既訳（高橋允昭訳、理想社、一九七〇年）があるが、本翻訳は、デリダ自身によって訂正された第二版（第三版）に基づいている。フッサールの『論理学研究』の読解という特殊な事情もあって、デリダの著作の中でも最も読みにくいものであると同時に、アカデミックな論文の体裁を遵守しているという点では、最も読みやすいものではないかと思われる。デリダのテクストを読む楽しさを読者に伝えるために、多少の工夫はできるかもしれないと思って翻訳をお引き受けしたものの、結果的にずいぶん長い時間がかかってしまった。伊藤正明氏をはじめちくま学芸文庫編集部の皆さんの信頼に感謝したい。

追記：第七刷で訳語等の不備を修正した。

本書は「ちくま学芸文庫」のために新たに訳出されたものである。

ちくま学芸文庫

声《こえ》と現象《げんしょう》

二〇〇五年六月十日　第一刷発行
二〇二五年九月二十日　第十二刷発行

著者　ジャック・デリダ
訳者　林 好雄（はやし・よしお）
発行者　増田健史
発行所　株式会社 筑摩書房
東京都台東区蔵前二―五―三　〒一一一―八七五五
電話番号　〇三―五六八七―二六〇一（代表）
装幀者　安野光雅
印刷所　株式会社精興社
製本所　株式会社積信堂

ISBN978-4-480-08922-9 C0110